Das WOHNBUCH

Das WOHNBUCH

1000 Tips zum Einrichten und Dekorieren

monte von DUMONT

Redaktion: Claire Waite
Lektorat: Ann Boston und Jane Hughes
künstlerische Betreuung: Chris Wood
Gestaltung: Alison Shackleton und Ruth Prentice

Titel der englischen Originalausgabe: *The Ultimate Decorating Book. Over 1,000 decorating ideas for all the rooms in your home.*

Aus dem Englischen von Petra Ledolter, Grace Pampus, Martina Rosenthal und Anja Schulte
Redaktion und Satz der deutschsprachigen Ausgabe: Agents – Producers – Editors, Overath

Umschlaggestaltung: Groothius & Consorten, Hamburg
Umschlagabbildungen vorne: alle Picture Press, Hamburg (oben links: © Willig, oben rechts: © Thunnan, unten links: © Wentorf, unten rechts: © Nörenberg)
Umschlagabbildung hinten: © Kiln House Books, London

Printed and bound by Tat Wei, Singapore

ISBN 3-8320-8518-1

Inhalt

PLUM
CHUTNEY

Einführung

Die Dekoration des eigenen Heims wird zu einem echten Abenteuer, wenn Sie sich als Künstler sehen, der sein Zuhause wie eine weiße Leinwand gestaltet. Allein Sie entscheiden, welche Farben, Stilmittel und Materialien verwendet werden, um eine individuelle Atmosphäre zu schaffen. Was am Anfang wie eine unlösbare Aufgabe erscheint, wird zur Herausforderung für Ihre Kreativität und zur Gelegenheit, verschiedene handwerkliche Fähigkeiten zu lernen.

Vor der Gestaltung und Dekoration Ihres Heims denken Sie sicher als erstes an die Farben und wählen sie nach bestimmten Kriterien aus. Es macht Freude, bei den Raumausstattern Farbproben zu sammeln und die Meinung der verschiedenen Mitbewohner einzuholen. Aber bevor Sie sich allzu ausgiebig mit Farben beschäftigen, wollen einige andere, grundsätzliche Kriterien für die Dekoration bedacht werden.

Genauso wichtig wie die Auswahl der richtigen Farben ist die Frage nach der Funktion eines Raums, nach dem Einfall des Tageslichts und Ihrem eigenen Geldbeutel. Träume von einem prächtige Boudoir mit Samt, Gold und antikem Mahagoni machen wenig Sinn, wenn Sie einen Gemeinschaftsraum für die Familie ohne großen Aufwand einrichten wollen. Es ist auch nicht ratsam, Ihre Vorliebe für Nachtblau in einem kleinen Raum auszuleben, der nur ein winziges Fenster nach Norden hat.

Damit die Kluft zwischen Inspiration und Realität nicht zu groß wird, könnten Sie zuerst einmal zwei Listen erstellen: eine mit Ihren Idealvorstellungen und Wünschen und eine mit praktischen Erwägungen und dem vorhandenen Budget. Dann versuchen Sie, beide Listen in einem Plan zu vereinen. Ein Beispiel: Vielleicht gefallen Ihnen klare Linien und strahlendes Weiß für eine schlichte Ausstattung, aber der Raum wird von Ihren Kindern zum Spielen genutzt – mit schmutzigen Fingern! Dann ist es besser, über Staumöglichkeiten für Spielzeug nachzudenken, damit das Aufräumen nicht zu einem unlösbaren Problem wird, und statt Weiß ein helles Stahlgrau in Betracht zu ziehen, das zwar auch kühl und ruhig wirkt, aber schmutzige Finger nicht übelnimmt.

Als nächsten Schritt betrachten Sie den Raum, den Sie dekorieren wollen, als weiße Leinwand. Bei einem neuen, leeren Haus ist das nicht schwierig, aber wenn Sie einen Raum umgestalten wollen, ist es oft nicht leicht, vom Vorhandenen zu abstrahieren. Versuchen Sie, sich das Zimmer ohne Einrichtungsgegenstände vorzustellen und blenden Sie mit halb geschlossenen Augen alle vorhandenen Farben und Muster aus. Denken Sie, so gut es geht, abstrakt und betrachten Sie den Raum als eine Reihe ineinandergreifender Oberflächen – Wände, Decke und Fußboden. Das wird Ihnen einige grundlegende Vorstellungen über den richtigen Stil und die passenden Farben vermitteln.

Jetzt können Sie über Stil und Farben nachdenken. Viel Licht und helle Farben machen kleine Räume größer und geräumiger, während dunkle Farben Intimität und Gemütlichkeit in einen großen, kalten Raum bringen. Vielleicht verlangen Größe, Proportionen, Form und Architektur bereits nach einem ganz bestimmten Stil, außerdem muß der Blick aus dem Fenster berücksichtigt werden, und nicht zuletzt spielt auch die Funktion des Raumes eine große Rolle. Ein Badezimmer mit runden Bullaugen etwa läßt sich gut im Stil einer Kajüte einrichten, ein Eßzimmer mit großen Terrassentüren verlangt nach hellen Grün- und Gelbtönen, während für den Landhausstil karierte Baumwollstoffe in Frage kommen.

Um herauszufinden, was Ihnen gefällt oder nicht gefällt, sehen Sie sich am besten gründlich in anderen Räumen und Häusern um. Auch Bücher und Zeitschriften geben

RECHTS: So könnte es aussehen, wenn Sie mit der Dekoration fertig sind: ein elegantes Mittagessen mit Freunden im Sonnenlicht des Wintergartens. Warmes Weiß, Naturholz, Backsteine und Metall setzen die Grünpflanzen und den blauen Himmel in Szene.

Anregungen. Praktisch wäre ein Ordner mit einzelnen Seiten, die Sie aus Zeitschriften und Magazinen herausreißen, und Fotografien stilistisch gefälliger Räume, Farbproben und Stoffmuster sowie eine Sammlung von Mustern für Fußbodenbeläge, die von den Herstellern gern zur Verfügung gestellt werden. Es zahlt sich aus, sich umzusehen, Kleinigkeiten zu sammeln und ein paar Wochen oder Monate über Ihre Ideen nachzudenken. Es muß ja nicht alles auf einmal entschieden werden. Ist der Raum einmal gestrichen oder tapeziert und mit den wichtigsten Möbeln ausgestattet, können Sie ihn eine Weile bewohnen, bevor Sie einen passenden Lampenschirm aussuchen oder Bilder aufhängen.

Wie Sie Ihre Pläne auch verwirklichen, anfangen müssen Sie mit dem Design und der Farbgestaltung. Sind einmal die wesentlichen Ideen geboren, können einfache Dinge wie ein wertvoller Teppich oder eine Sammlung farbenfrohen Tongeschirrs Ihren Plan fortführen. Die Naturfarben und abstrakten Muster

UNTEN: *Für die Gestaltung dieses Badezimmers im Strandlook wurden lediglich das helle Weiß der Wände und die sanften Goldtöne des polierten Holzes und des geflochtenen Basts verwendet.*

eines Kelims kommen einem orientalischen Stil mit Gewürzfarben entgegen. Hinweise wie diese könnten schon genügen, die ersten Ideen umzusetzen. Auch das schillernde Blau glasierter Tongefäße auf einem Mauervorsprung sieht vor einem kräftigen gelben Anstrich phantastisch aus. Gute Ideen müssen nicht ausgefallen oder kompliziert sein.

Lassen Sie sich nicht durch die Umgebung, in der Sie leben, von Ihren Ideen abbringen. Sie können durchaus mitten in der Stadt einen Raum im Landhausstil ausstatten oder einen Dachboden in einer ländlichen Scheune modern und städtisch gestalten. Solange man ein gutes Auge für die Maße und Proportionen der Räumlichkeiten und architektonischen Gegebenheiten behält, lassen sich Träume von Gestaltung und Atmosphäre eines Heims ohne Hemmungen verwirklichen. Man kann die Vorteile seines Heims hervorheben und die weniger attraktiven Stellen in den Hintergrund treten lassen, indem man die

UNTEN: *Ein preiswerter Sperrholztisch mit Terrakotta eingerieben, mit Schablonenmustern bemalt und dann lackiert, erweckt den Eindruck, als habe er schon seit Jahrhunderten seinen festen Platz im Eßzimmer.*

baulichen Einschränkungen einbezieht und die Aufmerksamkeit geschickt auf die vorteilhaften Eigenschaften lenkt.

Haben Sie einmal Ihren kompletten Entwurf festgelegt, Farben, Material, Einrichtung und Details, warten Sie ruhig noch ein paar Tage und überdenken Sie das Ganze noch einmal. Wenn alles wirklich perfekt zueinander paßt, sieht der Raum vielleicht künstlich und wenig einladend aus. Geben Sie ein paar zusätzliche Farben auf die Palette, für die Sie sich entschieden haben, oder verwenden Sie für die Kissen einen anderen Stoff als für die Vorhänge. Ein so aufgelockertes Design wirkt natürlicher und zeugt von gutem Geschmack und ungezwungener Individualität.

Was Sie auch vorhaben, seien Sie mutig und lassen Sie sich nicht von ängstlichen Kritikern überreden, Ihre Ideen zu verwässern. Wenn sich Ihr Plan auf kobaltblaue Wände stützt, wird das Endergebnis fade und enttäuschend, wenn Sie im Farbengeschäft dann doch ein weniger gewagtes Himmelblau kaufen. Beweisen Sie Selbstvertrauen und führen Sie genau das aus, was Sie sich

RECHTS: *Die Gestaltung der Zimmerwand könnte nicht einfacher sein. Der Tisch mit den zwei übereinanderliegenden Tischdecken im Stil der Provence machen dieses Arrangement äußerst wirkungsvoll.*

UNTEN: *Ein wundervolles Gefühl von Wärme und Entspannung entsteht hier durch die geschickte Kombination von kräftigem Rot, Grün und Gelb mit angedeuteten Goldnuancen. Die Vase mit den zufällig zusammengestellten Frühlingsblumen vereint alle Farben.*

TIRANT LO BLANC

vorgenommen haben. Ihre Bemühungen führen nur zum Erfolg, wenn Sie Ihren eigenen Geschmack voll zum Ausdruck bringen. Sie werden nie mit einem Stil zufrieden sein, wenn Ihnen einzelne Elemente nicht gefallen. Auch wenn es fast unmöglich ist, alle Details des Dekorationsplans im Auge zu behalten, dürfen Sie das Gefühl für kleine Spielereien nicht verlieren. Wird die Stilrichtung zu konsequent durchgeführt, wirkt der Raum leblos und kühl.

Um selbstbewußt mit der Dekoration Ihres Heimes beginnen zu können, finden Sie auf den folgenden Seiten viele verschiedene Stilrichtungen, inspirierende Ideen, so manche Technik und ein paar praktische Tips. Von der Entscheidung für eine Stilrichtung über einfachste Malerarbeiten und die Herstellung dekorativer Gegenstände bis zu den ergänzenden Arrangements von Bildern und Blumen stellt dieses Buch einen umfassenden Ratgeber für die erfolgreiche und wunschgemäße Gestaltung der eigenen vier Wände dar. Viel Erfolg und Freude beim Dekorieren!

OBEN: Sämtliche Effekte entstehen durch die Polsterstoffe und Kissen: Durch die Kombination von drei relativ auffälligen und ungewöhnlichen Farben entsteht hier der ausgeprägte Charakter dieses Wohnzimmers, unterstrichen durch die farblich passenden Tulpen.

LINKE SEITE: Eine eigentlich langweilige Schubladenkommode wirkt fröhlich, wenn jede Schublade in einer anderen, sich abhebenden Farbe gestrichen wird. Blumentöpfe in leuchtenden Farben und Küchenutensilien vervollständigen das Bild.

DEKORIEREN MIT STIL

Einführung

Lebensstil, Freizeitgestaltung und Gestaltung des Lebensraums sind Fragen des persönlichen Geschmacks. Einen Stil zu finden, der zu Ihnen paßt, und Ihren ganzen Mut zusammenzunehmen, ihn konsequent umzusetzen, ist der erste und wichtigste Schritt, um erfolgreich zu dekorieren.

LINKS: *Auffällig geblümte Sesselbezüge, kombiniert mit frischen, fröhlichen Fliederfarben und Pfefferminzgrün, strapazieren das Farbschema nicht übermäßig.*

RECHTS: *Sogar die unscheinbarste Arbeitsecke erhält durch harmonische Farbgebung und kleine Accessoires einen gewissen Charme.*

OBEN: Es ist anregend und lohnt sich, im Rahmen eines kräftigen, aber einfachen Farbschemas zu arbeiten.

OBEN RECHTS: Eine Sammlung von Küchengefäßen auf einem Regal, vornehmlich in Grün- und Gelbtönen, kann sich auf den Stil einer Küche ebenso auswirken wie auf die Farbwahl.

Traditioneller Landhausstil? Moderne Geometrie? Kühl und neutral? Egal welche Art der Dekoration Sie bevorzugen, auch andere Faktoren spielen eine große Rolle. Alter und Stil des Gebäudes, Größe und Anordnung der Räume, praktische Wohnerfordernisse und vorhandene Möbel und Accessoires müssen einbezogen werden. Je spartanischer die Ausgangssituation, um so besser! Ein leerer Raum ist für einen Dekorateur der pure Luxus. Das Kunststück besteht darin, die stilistischen Grundelemente zu erkennen und damit zu experimentieren. Fangen Sie mit den Farben an, dann kommen Fußböden, Textilien und Beleuchtung. Manchmal kann auch der Fußbodenbelag eines Raumes oder im Flur das Dekor bestimmen. Beziehen Sie alle Möglichkeiten ein und treffen Sie erst dann Ihre Wahl. Man kann auch mit einem wertvollen Stück beginnen, und sei es noch so klein. Designer haben schon ganze Räume ausgehend von einem einzigen Stoff, einer Sammlung von Krügen oder einem geliebten Sessel geplant.

Links: Das Aufstellen und Arrangieren von Gegenständen ist eine Kunst. Die freistehende Waschschüssel auf ihrem schmiedeeisernen Ständer unter dem alten Messinghahn und der Tisch mit den nötigsten Utensilien vermitteln den Eindruck einer Skulptur von rustikaler Schlichtheit.

LINKS: Dieses kräftige Orange auf durchscheinendem Weiß bildet bei Tageslicht einen schönen Kontrast zum dunklen Blaugrau der Holztür und wirkt abends warm und gemütlich. Ein Beispiel für die Wirkung von Farbe und Anstrich.

RECHTE SEITE: Die klassische Eleganz des Leinens bleibt auch dem kleinsten Geldbeutel nicht vorenthalten: Das Faltrollo am Küchenfenster wurde aus Geschirrtüchern hergestellt.

OBEN: Ein alter, ausgedienter Geschirrschrank vom Flohmarkt wird aufgemöbelt. Abgeschliffen, poliert, innen farbig gestrichen und mit Spitzen versehen, bildet er den perfekten Rahmen für rustikale Keramik. Getrocknete Rosen in Töpfen nehmen das Rosenmuster wieder auf.

Großartige Ideen stammen häufig von Leuten mit kleinem Geldbeutel. Die sparsame Vollkommenheit des skandinavischen Stils, wie ihn der Künstler Carl Larsson verkörpert, verläßt sich weit mehr auf Kreativität als auf teure Accessoires.

Betrachten Sie Ihren Raum noch einmal, wenn möglich ohne Möbel. Nutzen Sie alle Möglichkeiten voll aus? Könnte man vielleicht eine dunkle Ecke mit Spiegeln oder einer anderen Beleuchtung attraktiver gestalten oder im Wohnzimmer mehr Platz schaffen, indem man eine ungenutzte Ecke in der Diele oder im Flur als Stauraum nutzt? Ein neuer Anstrich mit anderen Farben ist der erste und einfachste Schritt, einen Raum zu verwandeln. Den größten Effekt erreichen Sie mit alten Möbeln, die abgeschliffen, neu lackiert oder mit einem Muster verziert werden und so dem Raum ein neues Gesicht geben. Frische Überzüge oder Sofakissen und eine leuchtende Tagesdecke verwandeln ein langweiliges Wohnzimmer oder Schlafzimmer in einen einladenden Wohnraum.

Welche Farben?

Die Wahl der Farben ist vermutlich die schwierigste Entscheidung bei der Dekoration. Seien Sie nicht ängstlich und nehmen Sie sich Zeit zum Experimentieren! Sie sollten Farben genauso sorgfältig auswählen wie einen Partner. So angenehm seine bzw. ihre Gesellschaft auch sein mag – wie verhält es sich mit dem Zusammenleben?

LINKS: Hellgelbe Wände, Rattan, Korb und Grünpflanzen wirken warm und freundlich.

RECHTS: Es macht Spaß, beim Dekorieren wie zufällig verschiedene Farbtöne zu mischen, die sich gut ergänzen.

Oben: *Anemonen haben lebhafte Farben von Rot über Rosa bis hin zu Violett.*

Mut bei der Farbenwahl

Die Auswahl der Farben ist immer eine Frage des persönlichen Geschmacks, doch denken Sie daran, daß Farbe nicht statisch ist. Derselbe Farbton sieht bei Tageslicht, unter künstlichem Licht, mit matter oder glänzender Oberfläche, auf einem Schrank oder an der Wand immer anders aus. Zudem wirkt eine Farbe auf einer großen Fläche wesentlich intensiver als auf einer kleinen.

Stellen Sie sich das Farbspektrum des Regenbogens vor, das hilft bei der Zusammenstellung der Farben. Die drei Primärfarben Rot, Blau und Gelb umschließen die Sekundärfarben Violett, Orange und Grün, wobei jede Farbe stufenlos in die Nachbarfarbe übergeht. Dazwischen liegen die Tertiärfarben wie Türkis, Blau- und Grüntöne. Gelb, Orange und Rot bezeichnet man als warme Farben, während Blau, Grau, Dunkelgrün und Lila kühle Farben sind. Die sogenannten Komplementärfarben ergeben, wenn man sie zu gleichen Teilen mischt, Grau.

LINKS: In diesem in Violett- und Grüntönen gehaltenen Stilleben finden sich die natürlichen Kontraste der reifenden Pflaumen im Blaugrün der Obstschale und dem kräftigen Lila des Überwurfs wieder.

LINKE SEITE: Diese Accessoires in Königsblau, Gelb und Grün wirken ausgleichend und schwächen die Dominanz des tiefen Rots der Wand und der Früchte.

Leuchtende Farben

Strahlende, knallige Farben wirken fröhlich und überschwenglich – denken Sie an ein Feld mit Klatschmohn oder Sonnenblumen. Man kann sich mit leuchtenden Farbtupfern auf Kissen, Blumen oder Keramikgefäßen begnügen, um die ruhigeren Grundfarben in der Umgebung zu heben. Selbstsichere Menschen verwenden grelle, Aufmerksamkeit erregende Rot- und Gelbtöne auch als Hauptfarben. Je intensiver der Farbton, desto höher die Farbreinheit und desto geringer der Anteil der Grautöne. Eine fahle Deckfarbe kann schwer und bedrückend wirken, durch Strukturen und Muster unterbrochen, aber trotzdem lebendig werden und Atmosphäre verbreiten.

OBEN RECHTS: Die leuchtende Tiefe der in gebranntem Ocker gehaltenen Wand harmoniert hervorragend mit den schweren, goldenen Samtvorhängen, während das lebhafte Gelb der Blumen am Fenster wie Sonnenschein in den Raum strahlt.

RECHTS: Scharlachrot ist in diesem verblüffenden Arrangement vorherrschend. Das ins Auge springende Rot wird von komplementären Blautönen in dem lebhaft strukturierten Kissen, dem Bleiglas und dem blaugrauen Blattwerk gebrochen.

RECHTS: Gegenstände mit »Hochspannungsfarben« sehen vor Naturholz oder reinem Weiß großartig aus. Man kann aber auch eine der für die Schale verwendeten Farben als Hintergrund wählen.

UNTEN: Leuchtende Blüten in feurigem Gelb, Orange und Rot bereiten Gästen einen strahlenden Empfang. Die kräftigen, hellen Farben der schwimmenden Kerzen erhöhen die Intensität dieses Arrangements.

Pastellfarben

Pastelltöne erhellen dunkle Räume und wirken sanfter als volle Farben. Die blasseren Rosa-, Violett-, Blau- und Grüntöne sind freundlich und verbreiten Ruhe und Harmonie. Sie werden deshalb auch als »weibliche« Farben bezeichnet und oft, kombiniert mit Spitzen, Gardinen oder Musselinvorhängen, in Schlafzimmern verwendet. Leuchtendere Sorbettöne gleicher Intensität passen besonders gut zusammen und sind bei modernen Designern, die damit auf matten Oberflächen ein frisches, klares Aussehen erreichen, sehr beliebt. Feine, verwaschene Pastelltöne, besonders Perlgrau, Blau und Creme, sind Merkmale des schwedischen Stils. Eine blasse, kühle Farbe kann durch eine Schicht Lasur oder Wasserfarbe einen weicheren, tieferen Ton erhalten.

OBEN: Getrocknete Blumen in den Farben Lavendel und Malve, oft mit Mint und Apricot kombiniert, sehen sowohl im ländlichen als auch im modernen Rahmen gut aus.

RECHTS: Die durch die kühle, grauviolette Wand erzeugte verträumte Stimmung wird geschickt durch den Spiegel mit seinem Wellenmuster am Rand akzentuiert. Der graugrüne Zweig in der Glasvase und antike Details tragen zu dieser friedlichen Atmosphäre bei.

RECHTS: Helle Pastellfarben auf einem cremefarbenen Untergrund verleihen dem Schlafzimmer ein frisches, leichtes Flair. Der moderne Stil der gequilteten Decke betont die Farben durch interessante Formen und Stickereien. Die Bettwäsche in Pastellfarben wiederholt das Thema der Überdecke.

RECHTS: Pastellfarben unterstreichen den nostalgischen Eindruck dieses traditionell gedeckten Teetischchens in blassen Rosa- und Grüntönen mit einem Schuß Blaßgelb.

LINKS: Gold, Orange, Grün und Braun sind die natürlichen Herbst- und Erntefarben. Sie werden durch kontrastreiche Körner, Strukturen und Gewebe belebt.

OBEN: Rosttöne sind warme, angenehme Klassiker für die Küche und für Gartenhäuser: zum Beispiel Terrakottafliesen kombiniert mit poliertem Holz.

Erdtöne

Die Töne Ocker, Siena, Umbra und Terrakotta zählen zu den Erdfarben. Die ersten von Menschen verwendeten Farben bestanden aus Lehm und Ton, heute jedoch werden die meisten Färbemittel chemisch hergestellt. Die hübschen rostigen, würzigen Töne sehen besonders auf italienischen Fresken und an Hauswänden unter heißer Sonne schön aus. Auf Wänden moderner Gebäude scheinen sie oft trüb, es sei denn, man ergänzt sie durch die richtigen Möbel und Accessoires. Kombiniert mit Olivgrün oder blaugrauem Holz wirken sie ausgezeichnet. Auch ein Tupfer Pfauenblau sieht vor einem Hintergrund in Umbra erstaunlich gut aus. Erdfarben passen besonders gut auf rauhe und mit Kalkfarben behandelte Oberflächen. Ein raffinierter Look mit Möbeln aus Aluminium und Chrom bildet einen hübschen Kontrast zu rustikal verputzten Wänden.

LINKS: Erdtöne sind die klassischen Farben des Landhausstils. Achten Sie auf den Kontrast zwischen dem matten, gebrannten Sienaton der Wände und der glänzenden Patina der blasseren Decke.

RECHTS: Der beruhigende Ton von Sahne, Milch und Weiß sowie ein geschliffener Holzboden wurden hier mit Blattgrün und natürlichen Werkstoffen kombiniert. Der dekorative Rand lenkt den Blick auf das einfache Rollo.

OBEN: Die einfache klassische Form und die »natürliche«, kraquelierte Glasur der japanischen Schale zeigen, wie man die Aufmerksamkeit auf feine Details lenkt.

LINKS: Die knubbelige Struktur von kühlem, altem Leinen ist die Schlüsselkomponente für einen neutralen Entwurf mit natürlichen Farben in Kombination mit ungebleichter Baumwolle, Sackleinen und Rohseide. Suchen Sie nach Bordüren oder fügen Sie Säume und Stickereien hinzu, um Abwechslung in schlichte Stoffe zu bringen.

Gedeckte Farben

Ein Raum ohne Farbe zieht die Aufmerksamkeit auf Strukturen und Formen. Licht wird nun besonders wichtig, weil es Oberflächenstrukturen und Schattierungen betont. Denken Sie an die Farbtöne von Haferflocken, Sand, Stein, Elfenbein, Creme, Biskuit, Austern und blassen Holzböden, ungebleichten Stoffen und weißem Porzellan – alles Bestandteile eines gemäßigten, modernen Looks. Architekten lieben den diskreten Charme neutraler und natürlicher Gegenstände, die mit ihrer Helligkeit und Wärme die Wirkung sorgfältig ausgesuchter Möbel oder Kunststücke hervorheben.

OBEN: Die schlichte Linie des gestrichenen, schmiedeeisernen Bettgestells, das frische Leinen, die Bettwäsche, alles ist weiß oder fast weiß, jedoch bieten die Strukturen und Formen einen Blickfang. Die blau karierte Wolldecke fügt eine farbige Note hinzu.

LINKS: Das Design dieser Einbauküche schafft mit rostfreiem Stahl und galvanisiertem Metall, hellen Holzflächen, weißen Wänden und Schränken eine ruhige, zweckmäßige und neutrale Atmosphäre zum Zubereiten und Genießen von Speisen.

OBEN: In vielen Kulturen bilden Blau und Weiß eine beliebte Farbkombination. Da sie frisch und sauber wirkt, wird sie gern in Badezimmern und Küchen verwendet. Hier stellt das blau-weiße Geschirr im Regal einen Kontrapunkt zu den blauen Details des Eßzimmers dar.

Blautöne

Blau, die Farbe des Himmels und des Meeres, wird unmittelbar mit Frieden und Harmonie in Verbindung gebracht und ist auf der ganzen Welt für seinen beruhigenden Einfluß bekannt. Die Skala der Blautöne, vom hellsten Babyblau bis zum tiefsten Nachtblau, ist nahezu endlos. Dazwischen liegen kühle skandinavische Blautöne, Puder- und Perlenblau, erfrischendes Türkis, verwaschenes Denim, klares, leuchtendes Azurblau, wie man es auf Fensterläden und Türen

RECHTS: Die Mode der blau-weißen Keramik begann schon vor Jahrhunderten in China und verbreitete sich über die islamischen Länder nach Italien, Holland und England. Bis heute setzt sie sich in Flechtmustern und auf Wedgwood-Porzellan fort.

UNTEN: Klares mediterranes Blau verleiht alten Möbeln oder Küchenregalen ein neues Gesicht wie hier diesem hübschen Korbsessel.

in den Mittelmeerländern findet, tiefes, sattes Indigo und dunkles, Preußisch-, Marine- und Königsblau.

Die Wirkung von Blau hängt stark vom Einfall des Lichts ab. Zum Beispiel wirkt das tiefe Blau des maurischen Stils unter der heißen Sonne Spaniens prachtvoll, im dünnen Tageslicht des Nordens dagegen schrill. Außerdem erscheint Blau in der Umgebung von Rot wärmer, von Grün dagegen kühler. Blau und Gelb, beides Primärfarben, sind eine besonders glückliche Kombination, denn Gelb verleiht dem kühlen Blau Wärme und Lebendigkeit.

OBEN: Blau-weiße Streifen und Karos sind immer beliebt und lassen sich gut mit anderen Mustern kombinieren. Schauen Sie sich die Affinität zu Sand oder anderen Erdfarben genau an.

Rottöne

Die kräftigste Farbe des Spektrums ist Rot, die Farbe des Feuers bzw. allgemein der Gefahr und wegen ihrer Auffälligkeit bei Kindern die beliebteste Farbe. In der Dekoration hat Rot einen deutlich spürbaren Einfluß. Wenn es vom satten Purpurrot, Scharlachrot oder Mohn abweicht, kann es auch unerwartet romantisch wirken – denken Sie nur an dunkelrote Rosen und romantisches Rosa, an warmes Orangerot und ins Braune gehendes Korallenrot. Exotische Indischrottöne, Terrakotta und das ins Rosa gehende Rot der Fuchsie sowie Magenta sind leichter mit anderen Farben zu kombinieren, weil sie weniger dominant sind als die primären Rottöne. Im viktorianischen England war das rote Eßzimmer wegen seiner intimen und angenehmen Atmosphäre weit verbreitet, und eine einzige Wand, die im glühenden, glänzenden Rot chinesischer Lackarbeiten gestrichen ist, verleiht einem geometrischen Interieur sofort Lebendigkeit. Goldene Accessoires sehen vor roten Wänden besonders edel aus.

OBEN: Das warme Ziegelrot auf diesem handbemalten Geschirr, aufgetragen mit einfachem Pinselstrich, läßt sich gut mit gedecktem Grün und cremefarbenem Holz kombinieren. Ein wenig Rot paßt fast überall; hier wirkt es hell und fröhlich, keineswegs überladen.

RECHTS: Weiches Kirschrot läßt sich gut mit Blaugrau, Graugrün und cremigem Gelb verbinden – eine hübsche Kombination mit dem Charme der dreißiger Jahre.

RECHTE SEITE: Kraftvoll mandarinrote Schals kombiniert mit Apfelgrün, Weiß und etwas Apricot erzielen hier eine erstaunliche Wirkung. Dies ist ein Beispiel, wie eine potentiell dominante Farbe durch Abstimmung mit komplementären Tönen geschickt zurückgenommen werden kann.

Gelbtöne

Eine der beliebtesten Farben, aber auch am schwierigsten zu kombinieren, ist Gelb. Obwohl diese Farbe eine große Affinität zu Sommer und Sonne beweist, kann sie auf einer großen Fläche erstaunlich kalt und fade wirken. Also sollte man Farbanstriche und Textilien zuerst ausprobieren, ehe man sich dafür entscheidet. Dabei ist nicht zu vergessen, daß Gelb stark auf Lichteffekte reagiert, Strukturen liebt und normalerweise auf Wänden besser aussieht als auf Möbeln. Als eine der drei Primärfarben reicht das Spektrum von sattem Gelb leuchtender Butterblumen über erdiges Ocker, Safran und Gold bis hin zu Orange, das ins Apricot übergeht.

Der englische Landhausstil bevorzugt das warme Gelb der Butterblume für Küche, Flur oder Wohnzimmer, während ein raffinierter moderner Look das blasse Gelb der Schlüsselblume mit Grau kombiniert. Schmutzige Ockertöne bilden einen wunderbaren Kontrast zu Kobaltblau und Indischrot.

OBEN: Gelb reagiert auf angrenzende Farben und hat eine starke Affinität zu Grün.

OBEN: Erfrischendes Zitronengelb weckt Erinnerungen an den herben, sauren Geschmack der Früchte. Wände in Zitronengelb eignen sich zum Beispiel für einen Salon im Empire-Stil. Seidiges Zitronengelb sieht sehr gut zu Dunkelblau, Grau oder Weiß aus. Andere Sorbettöne erzeugen einen avantgardistischen Look.

LINKS: Die Primärfarbe Gelb eignet sich gut für einen hellen und fröhlichen Frühstücksraum. Für die Wand wurde ein gedecktes Gelb gewählt, das zwar lebendig, aber nicht zu intensiv wirkt. Das gelbgrüne Thema wird mit dem Tisch und der Täfelung aufgenommen.

Grüntöne

Der wunderbaren Farbenvielfalt der Pflanzen verdanken wir die Namen für viele Grüntöne: Moosgrün, Grasgrün, Farngrün, Apfelgrün, Mintgrün … Wegen seiner Assoziationen mit der Natur, mit Wäldern und Gärten, gilt Grün als ruhige, kontemplative Farbe, die man leicht mit anderen Farben kombinieren kann. Grün ist eine Sekundärfarbe, die durch die Mischung von Blau und Gelb entsteht und deren Charakter vom Mischungsverhältnis abhängt. Eine der beliebtesten Farben für Küchen heute ist ein leicht bläuliches Grün, in dem Gelb und Blau zu etwa gleichen Teilen enthalten sind.

Dunkle Grüntöne wie Loden- oder Flaschengrün haben eine recht maskuline Konnotation: Man verwendet sie traditionell für Haustüren oder hölzerne Fensterläden oder auch für Arbeitszimmer und Flure. Als Schottenkaros und Regency-Streifen schaffen sie eine gemütliche Atmosphäre.

Mittlere Grüntöne finden sich besonders bei Chintz und erinnern an sommerliche Gärten auf dem Lande. Sanftes Graugrün und blasses Mintgrün werden vielfach im Landhausstil verwendet. Neongrün zählt zu den Modefarben und wird gern mit Orange, Metallicblau oder Mauve kombiniert.

OBEN: Der bläuliche Schimmer der Früchte zeigt eine natürliche Affinität zu Gold und Grünspan, die auf antiken Möbeln einen ausgezeichneten Effekt erzeugen.

RECHTS: Leuchtend grüne Wandteppiche, seidiger Taft und schwerer Samt bringen feierlichen Luxus in Eßzimmer, Arbeits- oder Wohnzimmer.

RECHTE SEITE: Sanftes Weidengrün und Creme sind ideal für den Landhausstil und bringen den Garten ins Haus.

LINKS: Diese Symphonie in Grün beweist die Vielseitigkeit der Farbe. Smaragdgrüne Akzente bilden einen angenehmen Kontrast zu den salbeigrünen Vorhängen und apfelgrünen Sesseln, während die auffällig karierte Tapete, die bei einer anderen Farbzusammenstellung aufdringlich wirken könnte, sehr gelungen mit den anderen Grüntönen harmoniert.

Kontrastfarben

Um leuchtende Farben zum »Schwingen« zu bringen, braucht man gute Nerven und muß zuerst geduldig experimentieren. Das Ergebnis ist dann äußerst lohnend und bringt Schwung und Energie in den Wohnraum. Große Künstler wie Henri Matisse und Pierre Bonnard waren wahre Meister der Farben. Gelungene Kombinationen stellen häufig gleichwertige, leuchtende Farbtöne gegenüber. Gartenblumen sind ein guter Anfang: zinnoberrote und magentarote Geranien mit leuchtend grünen Blättern, saphirblauer Rittersporn und orange Ringelblumen haben jeweils ihr eigenes Gleichgewicht, balancieren sich aber auch gegenseitig aus.

Rot und Grün sind Komplementärfarben an den Enden des Spektrums und lassen sich ausgesprochen gut miteinander kombinieren. Für das Auge ziehen sich dunkle Farben zurück und helle treten hervor: Ein auffälliges lila Kissen auf einem königsblauen Sofa zieht immer die Aufmerksamkeit auf sich, während das Sofa selbst in den Hintergrund tritt.

LINKS: *Phantasie und Vorstellungsvermögen sind das Geheimnis für eine gelungene Kombination kräftiger Farben und fließender Stoffe zu einem stimmungsvollen Ganzen. Die glänzenden Falten dieses dezent blauen Chenillevorhangs erhalten durch den grellgelben gerafften Volant Leben.*

LINKS: Die Natur ist mit Farben sehr verschwenderisch – warum sollten wir es nicht auch sein? Eine Parade knalligfarbener natürlicher Blumen mit sattgrünen Blättern, in gelb und rot gestrichene Töpfe gepflanzt, erzeugt vor einem zartblauen Hintergrund, der eine Spur ins Rot geht, einen interessanten Effekt.

LINKS: Lila, Violett und Magenta gehören zu den leuchtendsten Farben der Palette. Jede Farbe besteht aus Rot und Blau, und die Kombination dieser Farben mit dissonanten Blau- und Rottönen ist eine Art Farbenhochzeit. Töne, die wie Edelsteine leuchten, finden bevorzugt im traditionellen Folklore-Stil Verwendung.

UNTEN: Diese Eier wurden mit seidenmatten Farben eingefärbt, abgeschliffen und anschließend gebrochen vergoldet. Eine so behandelte Kamineinfassung oder andere Accessoires mit leicht durchscheinenden Farben können den gewählten Farbton für Wände und Anstriche raffiniert hervorheben.

RECHTS: Rohseide, Leinen und Jute haben einen goldenen Schimmer, der wunderbar zu Creme, Weiß oder gedecktem Rosa paßt. Terrakotta, Rosa, Stroh, Weiß, Mint und Flieder sind in dieser ungewöhnlichen Rückhalteschleife gelungen vereint.

Abgestufte, gedämpfte Töne

Gedämpfte Rosa- und Grautöne auf den Federn einer Ringeltaube, schillerndes Perlmutt oder die verblassenden Farben getrockneter Blumen gehören zu den zartesten und hübschesten Nuancen der natürlichen Farbpalette. Der Effekt hängt von fast stufenlosen Übergängen von einem Farbton zum nächsten (heller oder dunkler) oder von einer Farbe zu ihrer Nachbarfarbe im Spektrum ab. Der natürliche Glanz von Seide und Leinen, Federn, Muscheln, Eiern und Halbedelsteinen spielt in diesem leichten, luftigen Look eine wichtige Rolle. Töne in Gold, Creme und Weiß gehören zu den Lichtpunkten, stumpfes Lila, Flieder und Mint sind andere Komponenten. Unterbrochene Strukturen mit den Effekten von antikem Gold oder Grünspan oder verwaschen getünchte Wände mildern die Wirkung flacher Farben; seidenmatte Lasuren erzeugen Patina.

OBEN: *Creme und Gold präsentieren die delikaten Strukturen feiner Spitzen und cremefarbener Gitterkeramik im leichten, weiblichen Stil vergangener Zeiten. Cremefarbener Anstrich verleiht einer Küche oder einem Schlafzimmer im Landhausstil Wärme und Tiefe und sieht zusammen mit blassem Chintz reizend aus.*

PECK

Landhaus-stil

Der gemütliche, reizvolle Landhausstil ist zeitlos und anpassungsfähig. Er strahlt Wärme und Geborgenheit aus, und durch seine Schlichtheit, durch natürliche Werkstoffe und funktionales Design eignet er sich gleichermaßen für den traditionellen wie den zeitgenössischen Geschmack. Er läßt sich dem Leben in der Stadt ebensogut anpassen wie der Atmosphäre auf dem Land.

LINKS: Die wichtigsten Bestandteile des Landhausstils: gewachste Kiefernmöbel, geflieste oder gepflasterte Böden, Steinkrüge und blau-weißes Geschirr

RECHTS: Der Stil vermittelt ein Gefühl von »der guten alten Zeit«, von Hausgemachtem und frischen Gartenprodukten.

Ländliche Nostalgie

Die Nostalgie für das Landleben scheint um so stärker zu werden, je mehr sich unser Leben in die Stadt verlagert. Ein immer turbulenteres, häufig auch unstetes Leben erzeugt Sehnsucht nach Stabilität und der angenehmen Autorität des Althergebrachten.

Der durch einen Schaukelstuhl neben dem Ofen verkörperte rustikale Stil signalisiert Gastlichkeit und symbolisiert unser ständiges Bedürfnis nach familiären Werten und Häuslichkeit. Eine aus abgetragenen Kleidern hergestellte hübsche Decke, Holzscheite neben dem Holzofen und eine Speisekammer voll selbstgemachter Erzeugnisse lassen Sparsamkeit und gute Haushaltsführung vermuten. Grob gehauene Steine, Holzbalken, weiche, pastellfarbene Kalkanstriche und volkstümliche Dekorationsstücke sind tragende Elemente dieses Looks. Während die entsprechende Lebensweise weitgehend verschwunden ist, wird dieser schlichte, anpassungsfähige Stil noch lange fortbestehen.

LINKS: Die nur roh bearbeiteten Steine dieses alten Kamins strahlen einladende Wärme aus, die von den getrockneten Blumen, der mit Schablonen aufgetragenen Umrandung an der Wand und den strahlend weißen Spitzen am Kaminsims unterstrichen wird.

OBEN: Zum Trocknen aufgehängte Gartenkräuter sind ausgesprochen dekorativ.

LINKS: Bauerngebäck und naturbelassene Lebensmittel – der Tageseinkauf mit charakteristischen Stoffen und Utensilien

Die Bauernküche

Seit jeher das Herz des Hauses, ist die Küche auch heute noch der Mittelpunkt eines Haushalts, an dem sich die Familienmitglieder zu den Mahlzeiten versammeln. Einst war die Küche der wärmste Raum des Hauses, da das Herdfeuer ständig unterhalten wurde, um jederzeit heißes Wasser zur Verfügung zu haben. In den letzten Jahrzehnten haben Architekten versucht, die Zubereitung der Mahlzeiten in kleine Hinterzimmer zu verbannen. Doch Hausfrauen haben sich stets dagegen gewehrt. Sie haben die Zwischenwände einreißen lassen und so der Küche mehr Raum verschafft. Auf diese Weise können die Köche die »gesellige Küche« mit Familie und Gästen teilen.

Heute sind Rauch und Ruß von Öfen und Herden, winzige Fenster und schlechte Belüftung aus der modernen Bauernküche verbannt, die wesentlichen Stilelemente wurden jedoch beibehalten. Aber bei der Kücheneinrichtung im 20. Jahrhundert spielt Zweckmäßigkeit eine wichtige Rolle.

Gestrichene Holzvertäfelung, Geschirrschränke mit Glasfronten und solide Arbeitstische, die für die Zubereitung wie zur Einnahme der Mahlzeiten dienen, führen die Tradition fort. Die Einbauküche, Statussymbol der fünfziger und sechziger Jahre, ist wieder freistehenden Bauernmöbeln – dem Kasten oder der Kommode und der Anrichte – gewichen. In einer Zeit, in der Kochen als anregendes Hobby betrachtet wird, ist die Bauernküche gefragter denn je.

OBEN: Der Landhausstil wird durch den künstlich gealterten Wandanstrich, die soliden Kiefernmöbel und Accessoires wie geflochtene Körbe noch betont.

RECHTS: In jedem Heim sollte es stehen: Auch ein Gewürzregal mit verschiedenen Gewürzgläsern verkörpert den Landhausstil.

RECHTE SEITE: Aufgehängte getrocknete Blumen verleihen der zweckmäßigen, modernen Bauernküche einen Hauch Tradition.

OBEN: Ein perfektes Beispiel zweckmäßiger Gestaltung ist diese Anrichte, die als Serviertisch und Stauraum entworfen wurde. Das Geschirr wird auf Regalen zur Schau gestellt, anstatt im Schrank zu verschwinden, und das blau-weiße Eßservice oder eine Porzellansammlung wird zur dekorativen Ausstattung des Raums.

RECHTS: Frische, einfache Blumenmuster schaffen in der Küche eine einladende und gemütliche Atmosphäre. Ein cremerosa Anstrich mit einem Hauch Grün, das sich auf dem Geschirr wiederholt, ist ein hübsches traditionelles Farbthema, das sich mühelos in den heutigen Lebensstil einfügt.

UNTEN: Küchenstühle und -tische wirken mit einem neuen Anstrich erfrischend anders – hier wurden sie passend zum handbemalten Vorhang lackiert.

Ein wichtiges Element der Bauernküche ist die Eßecke, ein Platz für die Mahlzeiten und Treffpunkt der Familie. Er muß zweckmäßig und einladend sein, Stauraum für Geschirr und Utensilien bieten sowie genügend Raum, damit alle um den Tisch herum Platz finden. Die Stühle sind aus Naturholz oder lackiert und sparsam gepolstert, der Boden muß leicht von Krümeln und Speiseresten zu säubern sein. Hier bieten sich Stein- oder Keramikfliesen und lackierte oder gestrichene Bohlen an. Obst- oder Gemüseschalen setzen Farbakzente.

RECHTS: Der Landhausstil entsteht in diesem Schlafzimmer mit Dachschräge durch ein mit Schablonen auf die Wand gemaltes Blumenmuster und eine passende Blätterbordüre. Auch das Kissen und der Bettüberwurf sind mit einem gestickten Blumenmuster versehen.

Wilde Blumen

Ein Teil der Wirkung des Landhausstils entsteht durch den unaufdringlichen Charme der Muster mit zarten, wilden Blumen. Ein Sträußchen Wiesenblumen besitzt eine Schönheit, die mit den exotischen Blumenarrangements der Floristen nicht zu vergleichen ist. Kornblumen, Klatschmohn, Schlüsselblumen, Vergißmeinnicht und viele andere haben auf Chintz, bestickten Textilien oder auch auf Porzellan oder Emaille einen reizvollen Effekt. Der phänomenale Erfolg, den Liberty prints und Textilien von Laura Ashley in den letzten Jahren zu verzeichnen haben, ist ihren ungewöhnlichen Blumenmustern zu verdanken.

LINKS: Ein einfaches, hölzernes Bettgestell erhält durch einen blauen Anstrich und mit Schablonen aufgemalten, in Rot und Gold gehaltenen Blumenmustern den Charme des Landhausstils. Dieselbe Schablone wurde für den glatten Bettüberwurf verwendet.

Seit dem Mittelalter sind die Formen und die Ausdruckskraft wilder Blumen, vor allem auf dunklem Untergrund, sehr beliebt.

Verschiedene Blumendrucke oder Designs können gut miteinander kombiniert werden, vorausgesetzt man beachtet einige Grundregeln. Es ist ratsam, verschiedene Muster derselben Größe und Farbzusammenstellung zu kombinieren, damit das größere das kleinere nicht erdrückt. Man ist auch auf der sicheren Seite, wenn man Textilien gleicher Stärke und Struktur verwendet. Unauffällige Baumwollstoffe und schwere Seide passen zum Beispiel nicht gut zueinander. Ein moderner Landhauslook entsteht, wenn man Vorhänge mit Blumendrucken und farblich passende Karos oder Streifen kombiniert.

LINKS: Einfache blau-weiße Karos geben einem Flur oder einer Diele ein erfrischendes Aussehen. Ein Vorhang, der auf ganzer Länge Karos zeigt, könnte zuviel sein, aber das Rollo und der kurze Behang aus demselben Stoff wirken heiter und lebendig.

RECHTS: Die geometrischen Linien der Karos und Schottenmuster vereinen die kühnsten Farben.

Karos und Schottenmuster

Karos in ihrer ganzen Vielfalt bieten unbegrenzte Möglichkeiten zum Dekorieren. Man findet sie in jeder Form und Farbe, vom kleinsten Nadelstich bis zu Quadraten so groß wie Fensterscheiben. In Verbindung mit anderen Designs entstehen heitere Kombinationen.

Gingan

Was wären wir ohne Gingan? Der Name stammt von dem malaiischen Wort für Streifen, *gingan*. Die Grundkaros entstehen durch farbig gewebte Streifen, die sich auf dem weißen Baumwolluntergrund kreuzen. Sie finden auf der ganzen Welt in unzähligen Beispielen Verwendung und sind längst zu einem Klassiker geworden. Dieses Design wird in sämtlichen Farben und Größen reproduziert, auf seidigem Taft, feinem Musselin und sogar auf Porzellan. Obwohl wir Gingan fast immer in ländlichem Zusammenhang antreffen, fügt es sich ebensogut in eine raffinierte städtische Umgebung ein. Es ist in traditionellen Küchen genauso zu Hause wie in Kinder- oder modernen Wohnzimmern, die in hellen Primärfarben gehalten sind.

Gingan ist ein traditioneller Stoff für Dirndl und Unterröcke. In jedem Landhäuschen der französischen Provence sind die Fenster von rot-weißen Ginganvorhängen mit passenden Volants eingerahmt, während in französischen Restaurants und Cafés Tischdecken in traditionellem rotem Gingan üblich sind.

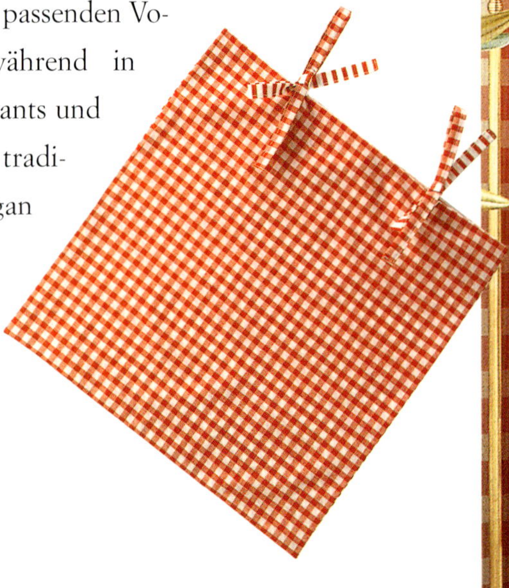

OBEN: Gingan ist ein heiterer, anpassungsfähiger Stoff für Accessoires und fügt sich in ein Farbschema ein, ohne es zu übertrumpfen. Früher wurden abgetragene Ginganunterröcke in Stücke geschnitten und als Schürzen, Überzüge und Kissenbezüge, Schuhbeutel, Lavendelbeutel und für vieles andere wiederverwendet. Gingan macht langweilige Decken interessanter oder damit eingefaßte, einfarbige Stoffe lebendiger.

LINKS: Ginganvorhänge kennen wir seit langem, aber hier wurde eine gewagte, rote Gingantapete gelungen in einem Wohnzimmer im französischen Stil eingesetzt. Der Ton in Ton gehaltene rosa Sofabezug, die Fensterbank und der gemusterte Teppich haben eine ausgleichende Wirkung und lassen die Wände gleichmäßiger erscheinen.

OBEN: *Gingan verschiedener Größe kann mit Karos im selben Farbschema kombiniert werden. Das kleiner karierte Gingan ist sehr beliebt für Patchwork wie hier auf dem Sternkissen.*

RECHTS: *Dieser Vorhang verbindet verschiedene Gingans im Vorhang und der Schiene. Ein drittes Karo umrandet die quadratischen Ösen.*

Während die Franzosen sich das rote Gingan zu eigen gemacht haben, bevorzugen die Skandinavier gemäßigte Blau-, Grün-, Grau- und Fliedertöne, die wunderbar mit nicht rein weiß lackierten Möbeln und hellen Holzfußböden harmonieren. Stellen Sie sich nur einen blassen, gingangemusterten Taftvorhang in einem in Taubengrau und Weiß gehaltenen Eßzimmer vor. Leuchtend blaues Gingan mit traditionellem blau-weißem Geschirr und gelben oder weißen Wänden sind eine unschlagbare klassische Kombination für eine amerikanische oder europäische Bauernküche.

Für diejenigen, die gern verschiedene Muster verbinden, ist Gingan ideal. Eine gelungene Kombination sind größere und kleinere Karos in kontrastierenden Farben. Auf Polstermöbeln verwendet, sind die größeren Karos sehr ausdrucksvoll; Gingan sieht aber auch mit Streifen derselben Farbenabstimmung schick und geschmackvoll aus und ist eine reizvolle Einfassung für farblich abgestimmte geblümte Vorhänge.

Wichtig bei allen Kombinationen mit Gingans ist, daß die Streifen exakt geschnitten sind und gerade verlaufen – unglücklicherweise gibt es keine Patentlösung, man muß es so lange versuchen, bis es klappt!

GANZ LINKS: Die blaukarierte Stoffverkleidung mit dem cremefarbenen Anstrich schafft eine maßgeschneiderte Version des skandinavischen Stils, der sehr gut ins Schlafzimmer paßt.

LINKS: Ein Kissenbezug mit großen Karos und schicken Schleifen bildet einen geschmackvollen »Smoking« für diesen Stuhl.

RECHTS: Schottenkaros sind ein klassischer Favorit für ein Arbeitszimmer. Der Vorhang, die Kordel und die Tapete bestimmen die Grundfarben.

Schottenmuster

Schwere, leuchtende Schottenmuster auf Wollstoffen unterscheiden sich trotz des gleichen Designs deutlich von leichten, sommerlichen Gingans. Wenn Sie den herrschaftlichen Look mögen, sind Schottenkaros wie geschaffen für Sie.

Früher wurden Schottenstoffe aus Garn gewebt, das mit natürlichen Pflanzen, zum Beispiel Moos und Flechten, in den gedämpften Farben der Highlands gefärbt wurden. Ein *plaid* war ursprünglich ein Schottentuch, das man über die Schulter werfen und als Cape tragen konnte.

Lange Zeit waren Schottenmuster verpönt, erfreuen sich aber seit dem 19. Jahrhundert wachsender Beliebtheit. In dieser Zeit wurde es üblich, zwei verschiedene Muster zu tragen, eines in gedämpften Farben für die Jagd und ein leuchtenderes für gesellschaftliche Events.

RECHTS: Diese Accessoires vermitteln, gepaart mit sanftem Blau, Grün und Rosa, ein weibliches Gefühl.

LINKS: Kleine, mit glänzendem Schottenstoff bezogene Lampenschirme sorgen für gemütliche Beleuchtung im Wohn- oder Schlafzimmer.

OBEN: Die wandlungsfähigen Schottenkaros findet man überall, von Treppenläufern, Überwürfen und Schals bis hin zu Handtaschen.

LINKS: Ein Haufen zusammengewürfelter Kissen mit Schottenmustern, kombiniert mit etwas Rot, schafft eine warme und einladende Atmosphäre am Kamin.

OBEN: Das oben abgebildete Schottenmuster, Black Watch genannt, und seine Variationen sind äußerst beliebt. Man findet es in den ungewöhnlichsten Rahmen, wie hier, wo die dunklen Karos den Hintergrund nicht etwa für ein schottisches, sondern für ein offizielles, japanisches Mahl bilden.

Königin Victoria hatte eine Leidenschaft für Schottenmuster, und ihr geliebtes schottisches Heim, Balmoral Castle, war voll mit Wänden, Polstermöbeln und sogar Teppichen im Schottenmuster. Dieses Design gehörte schon immer zur Ausstattung der schottischen Burgen und Jagdschlösser, breitete sich dann erfolgreich in der ganzen Welt aus und ist heute in Japan genauso beliebt wie in Amerika.

Das heutige Schottenmuster wird meist aus künstlich gefärbtem Garn hergestellt, was die Farben leuchtender macht. Sie passen gut zu dunkel polierten Möbeln, Steinfliesen und Backsteinen. Wie Gingan sind Schottenmuster außerordentlich anpassungsfähig, und ihre vertrauten Linien stehen mit Streifen, Brokat und exotischen Paysleys für sich.

LINKS: *Die reichen, schweren Falten dieses drapierten Plaids bilden einen warmen gemütlichen Vorhang für hohe Fenster und nach außen zu öffnende Terrassentüren.*

UNTEN LINKS: *Maßgeschneiderte Arbeiten wie dieser an Schlaufen aufgehängte Vorhang mit bezogenen Knöpfen sehen im Schottenmuster besonders hübsch aus.*

UNTEN RECHTS: *Schottenmuster wirken im Eßzimmer Wunder.*

OBEN: Dieses gewöhnliche Küchenschränkchen erhielt durch einen Anstrich im Schottenmuster neues Leben. Das Muster wird durch Accessoires mit anderen Streifen und Karos in leuchtenden Farben abgerundet.

Helle Karos

Dekorateuere, die gern mit den Effekten geometrischer Muster und mit Primärfarben arbeiten, mögen leuchtend farbige Karos. Bescheidene Schränke und Anrichten erscheinen plötzlich in orangen, roten und gelben Karos, dem innenarchitektonischen Äquivalent zu den übergroßen karierten Hosen eines Clowns. Gewaltige Karos in wilden Farben werden großzügig auf Möbelstücken und Accessoires verteilt und bilden eine ironische Homage an die traditionellen Schottenmuster und Gingans.

Auch wenn diese Technik nicht eben feinsinnig ist, sollte man sich doch genau überlegen, welche Farben man kombiniert und welchen Effekt sie auf die Umgebung haben. Hebt man die lebhaften Karos gegen Wände ab, die mit dunkler, kräftiger oder gebrochener Farbe gestrichen sind, erzielt man ein Gegengewicht zu den heiteren Möbeln.

OBEN: Tassen und Untertassen, Teller und Krüge kann man selbst mit einem fröhlichen Karo bemalen, um gute Laune beim Frühstück zu verbreiten.

RECHTS: Diese aufregende freihändige Malerei verwandelte einen gesichtslosen Wandschrank geschickt in einen karierten Blickfang. Der Effekt erinnert an altmodische Filzpantoffeln und wird durch die dunklen, blau und grün getünchten Wände unterstrichen.

Streifen

Gestreifte Tapeten, Anstriche, Bezüge oder Kissen verleihen jeder Inneneinrichtung einen Schuß Raffinesse. Je nach Umgebung können einfache, geometrische Streifen gezielt oder eher zufällig ein Farbthema vorgeben. Streifen lassen sich leicht mit Karos und anderen Mustern kombinieren und bilden eine raffinierte Unterbrechung großer, einfarbiger Flächen auf Sofas und Betten.

LINKS: Blau und Weiß sind besonders dankbare Partner. Diese überzeugenden Wandstreifen in Tiefblau und Weiß wirken frisch und sauber.

RECHTS: Drei verschieden gestreifte Stoffe in denselben Farben sind ein feiner Kontrast zur Wandtäfelung.

OBEN: *Breite Bänder in zwei Grüntönen schaffen einen raffinierten Look für Eßzimmer und Arbeitszimmer.*

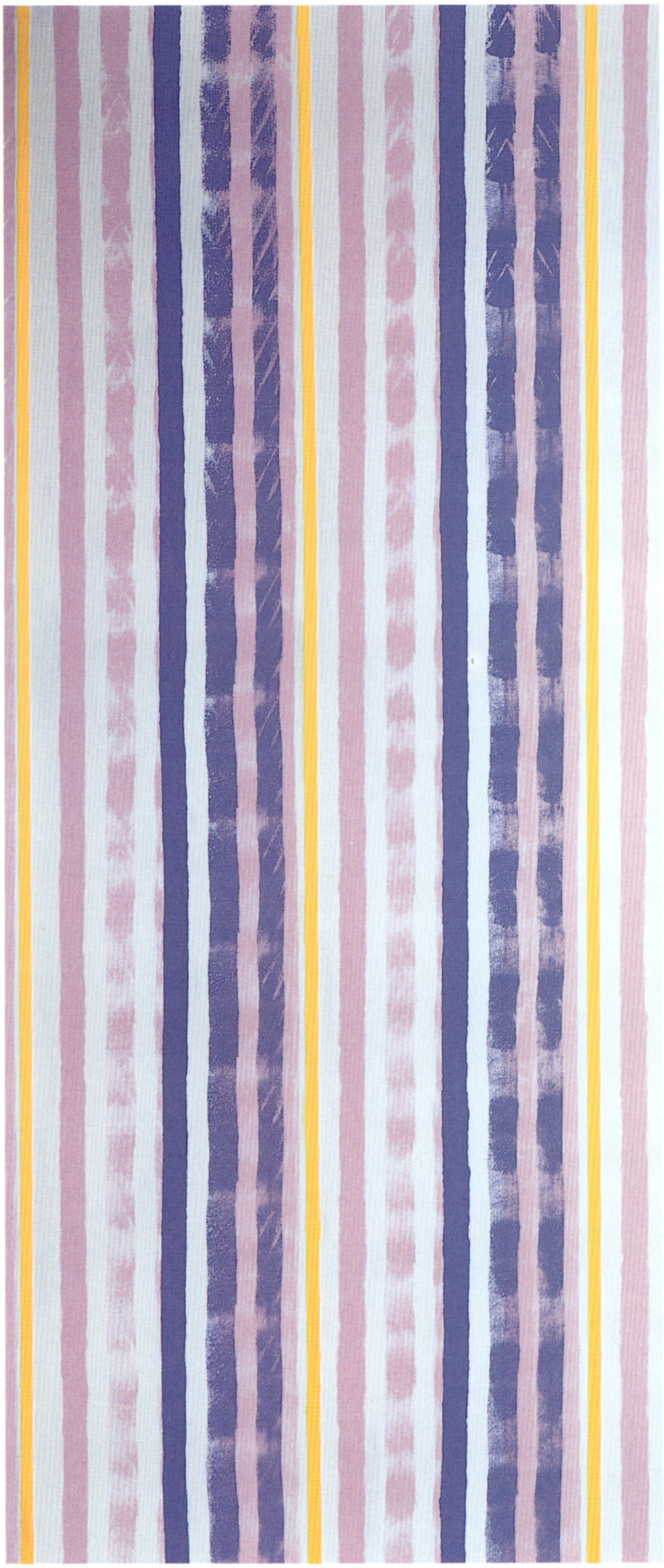

OBEN: *Die freihändige Ausführung belebt diese fröhlichen, bunten Streifen.*

OBEN: *Der lebhafte Kontrast zwischen Weiß und Gelb kaschiert geschickt fleckige Wände.*

OBEN: *Zwei Cremetöne auf einer diskreten Textiltapete sehen ruhig, elegant und zeitgemäß aus.*

Gestreifte Wände

Gestreifte Wände bringen Symmetrie und Ordnung in Räume und Flure und erzeugen Höhe. Etwa 2,5 cm breite Regency-Streifen in Kastanienbraun bzw. Grün und Creme sehen zu den entsprechenden Möbeln sehr elegant aus. Dünne Streifen haben die Tendenz, aus der Ferne betrachtet zu einer Farbe zu verschwimmen und lassen sich daher gut mit anderen Mustern kombinieren. An den Kanten etwas ausgefranste Streifen wirken weniger streng. Allgemein eignen sich Streifen besonders gut dazu, Schäden und Kratzer zu kaschieren – doch vergessen Sie nicht, die Wände vorher auszubessern!

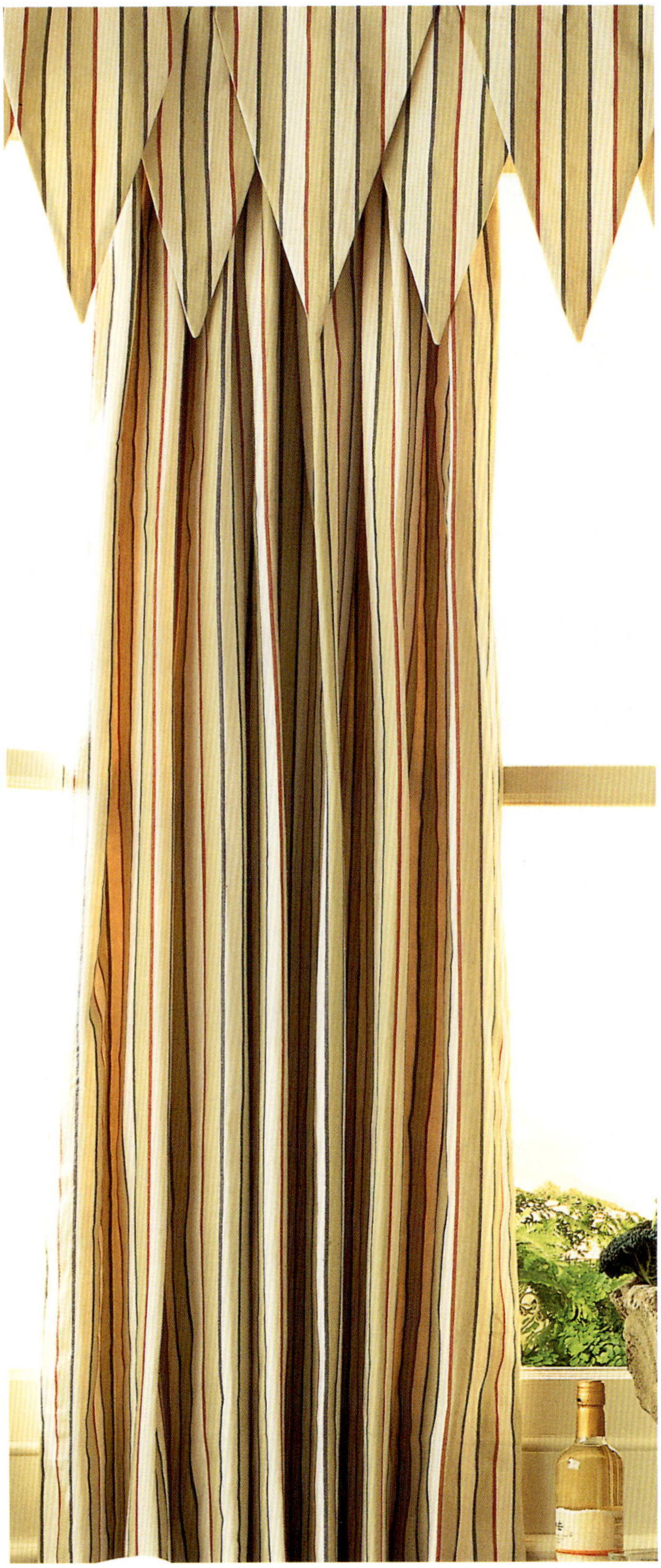

OBEN: Der streckende Effekt der Längsstreifen wird hier noch durch den Harlekin-Volant unterstrichen.

OBEN: Dieses sommerliche, grün-weiße Segeltuch wurde zu einem Türbehang in weiche Falten gelegt.

OBEN: Horizontale Streifen betonen die Breite. Die auffälligen, leuchtenden Farben sehen kühn und exotisch aus.

LINKS: Dieses geschmackvolle Fenster ist mit einem schicken Vorhang und dazu passendem Rollo behängt.

Gestreifte Vorhänge

Streifen eignen sich exzellent für Vorhänge. Sie wirken zwar schlichter und weniger dominant als Karos oder komplexe Muster, erscheinen dafür aber leichter als einfarbige Stoffe. Es gibt eine riesige Auswahl von Farben, Mustern und Materialien, von leichter Baumwolle bis hin zu schweren Brokaten. Heute tendiert man eher dazu zu kombinieren als aufeinander abzustimmen. Die Long-Island-Kombination – gestreifter Chintz mit Karos – ist inzwischen international berühmt. Zu karierten Vorhängen paßt ein Stoff mit engen Streifen; die Kombination von Streifen und Karos in warmen Farben ist typisch für den schwedischen Stil.

LINKS: Diese einfachen, flotten Vorhänge für das Doppelfenster, genäht aus marineblauen und weißen Baumwollstreifen, sind ein preiswerter Blickfang für jedes Schlafzimmer.

Volks-tümliches

Volkstümliches Kunsthandwerk inspiriert heute viele Dekorationsstile. Einfarbig gehaltene Wände und Holzböden heben den eigenartigen Charme kunstvoll hergestellter Möbel, bemalter Flächen, altmodischer Gemälde und alltäglicher Haushaltsgegenstände hervor.

LINKS: Volkstümlich bemalte Möbel und dekorative Details zeichnen sich durch hübsche Formen, Muster und Farben aus.

RECHTS: Tücher mit aufgestickten erbaulichen Versen werden zum Familienerbstück.

Oben: Das goldene Kornährenmotiv auf dem weißen Krug und dem weiß lackierten Hocker sticht sofort ins Auge. Ein dekorativer Druck ist eine einfache Technik und für die unterschiedlichsten Oberflächen geeignet. Er paßt besonders gut in eine Küche im Landhausstil.

Rechts: Diese Anrichte aus Kiefer wird durch Obst- und Blumenmuster sowie Randmotive, die mit Hilfe von Schablonen aufgetragen wurden, zu einem eindrucksvollen Kunstwerk. Die Umgebung ist wichtig: Dezente, in den Hintergrund tretende Wände und blaugraue Streifen verhelfen diesem Möbelstück zu voller Pracht.

Bemalte Möbel

Verzierte Möbel spielten in der amerikanischen Volkstradition, in der viele europäische Einflüsse ihre Spuren hinterließen, eine große Rolle. Heutige Dekorateure lassen sich von bemaltem skandinavischem Kiefernholz anregen, ebenso von farbenfrohen traditionellen Entwürfen aus Rußland, Mexiko und Indien sowie von Einflüssen aus Fernost. Handgemalte Szenen oder Schablonenmotive gehören zu den traditionellen Dekorationstechniken. Einige davon erfordern sehr viel Geschick, während andere, wie Holzdrucke und Schablonenarbeiten, erfreulich einfach sind. Experimentieren, kopieren oder sammeln Sie alles, was Ihnen gefällt.

LINKS: Eine naiv gemalte Landschaft erstreckt sich über beide Türfüllungen und verwandelt diesen Hängeschrank in ein Bild. Das grob strukturierte getünchte Dunkelblau vor der terrakottafarbenen Wand gibt dem »Wandschrankbild« den entsprechenden Rahmen. Diese naive Arbeit entfaltet auch in einem modernen Raum ihren Charme.

RECHTS: Ungebleichtes Leinen und gerippte Baumwolle, durch Abnäher, Hohlsäume, Paspeln und andere Techniken verziert, sind traditionelle Stoffe. Das rote Muster auf diesen Kissen ist durch Stoffdruck entstanden. Ein locker gewebter Überwurf unterstreicht die Farbe und fügt Struktur hinzu.

OBEN: Feine Miniaturblumen- und Blattmuster in Rostrot, Gelb und Grün auf creme- oder naturfarbenem Untergrund

Reizvolle Stoffe

Schlichte und naive folkloristische Designs wirken anheimelnd und werden nie unmodern. Charakteristisch ist die Kombination stilisierter Stoffdrucke mit kleinen Motiven, die in der Vergangenheit wegen der hohen Druckkosten oft nur zwei- oder dreifarbig waren. Zarte viktorianische Blütenzweige, lebhafte Drucke auf hellen Baumwollstoffen aus der Provence und Gingankaros sind Klassiker des volkstümlichen Repertoires.

Auf diese Weise bearbeitete Stoffe sehen zum Beispiel als Patchwork-Decken ausgezeichnet aus und inspirieren sogar die heutigen Designer. Rustikales Sackleinen (Jute), alte Leinenstoffe, bedrucktes oder bemaltes Segeltuch, ungebleichte Baumwollstoffe sowie Kreuzstichstickereien sind wesentliche Bestandteile des volkstümlichen Dekors. Verwenden Sie zartere Stoffe und Muster für Möbel mit einem ausgeprägt grazilen Charakter, gröbere Stoffe dagegen für robuste Sitzmöbel und Schränke, da dies schlichter wirkt und Handarbeit erkennen läßt.

OBEN: Frisches rot-weißes Gingan erhält durch das auf den weißen Quadraten aufgedruckte Herzmotiv ein volkstümliches Aussehen – eine reizvolle Variation des klassischen Landhausstils für Küche oder Schlafzimmer.

Country
THE BIRDCAGE BOOK
LESLIE GARISTO
PATCHWORK DIANA LODGE
BRITISH ISLES
Interior Designers

LINKS: Diese Sammlung zeitloser Volkskunst fügt sich vor dem neutralen Hintergrund weißer Wände, einem cremefarbenen Sofa und Parkettboden mühelos in die Atmosphäre eines modern ausgebauten Dachgeschosses ein. Die an alte Zeiten erinnernden Möbel wurden sparsam wie Skulpturen aufgestellt, und die Spielzeugpferde auf dem Tisch sind von ergreifender Einfachheit.

Maritimer Stil

Maritime Themen haben einen besonderen Platz im Repertoire der Dekorateure. Die Küste übt seit jeher eine besondere Faszination aus, und Boote, Muscheln, Fische und Seesterne sind hübsche, stilvolle Motive. Zudem ist die Vorstellung vom weiten, blauen Horizont beruhigend und erholsam.

LINKS: *Schlagen Sie Wellen mit einem wäßrigblau getünchten Anstrich. Eine Woge unter dem Fenster spiegelt die Wellen des Gesimses mit der Reihe Muscheln wider.*

RECHTS: *Schillernd geschuppte, stromlinienförmige Fische sind ein beliebtes Motiv.*

Maritime Badezimmer

Das Badezimmer ist ein idealer Ort für maritime Themen, die jedes Wannenbad zur Erholung machen. Wenn Sie Ideen sammeln, denken Sie zurück an Ihren letzten Aufenthalt am Meer und erinnern Sie sich an die Blau-, Grau-, Aquamarin- und Türkistöne, an salzige Gischt und an die Muster der Wellen, an Holzdecks und Liegestühle aus blassem, gestreiftem Segeltuch, an die leuchtenden Farben der aufgetakelten Segelboote, an Fischernetze und aufgerollte Taue sowie an die zahllosen Meerestiere unter Wasser …

Einen gelungenen Effekt erreicht man durch blaue Wasserfarben in verschiedenen Tönen oder durch das Aufsprühen wirklich satter Blau- und Blaugrüntöne, gepaart mit blendendem Weiß oder sandigen Strandfarben. Halten Sie Ihr Grundthema schlicht, indem Sie Töne gleicher Leuchtkraft oder nur eine Farbe in unterschiedlichen Tönen verwenden. Dann wirken Accessoires vom Strand nicht unruhig oder überladen, sondern fügen sich gut ein.

GANZ LINKS: Kräftige Wellen in gleichen Blau- oder Grüntöne, die sich mit Weiß abwechseln, erzeugen den Eindruck von munterem Seegang – für Seekranke nicht geeignet!

LINKS: Das Sand- und Meeresthema wird durch die lustige Krabbe und die Schablonenfische ergänzt. Die Holzvertäfelung ist ein guter Spritzwasserschutz für Wanne und Waschbecken und bietet auf der Oberkante auch Platz für Andenken vom Strand.

RECHTE SEITE: Ausgelegte Accessoires vom Strand oder aus dem Meer schaffen unmittelbar Strandatmosphäre.

SAVON
EXTRA-DOUX

Strand und Meer im Haus

Die Häuser an der Küste New Englands haben einen charakteristischen Einrichtungsstil geprägt, der auch in andere Länder und Klimazonen paßt. Ihr kühles, luftiges Aussehen erinnert an einen Sommer am Meer, an sonnige Räume mit cremefarbenen oder weißen Wänden und offene Fenster mit Stores oder Baumwollvorhängen, die sich in der frischen Meeresbrise blähen.

Die Fußböden bestehen aus gebleichten oder lackierten Holzbohlen, auf denen Flickenteppiche oder Seegrasmatten liegen. Die Inneneinrichtung ist einfach: weiße oder naturfarbene Korbstühle, Küchentische und blau lackierte Schränke. Liegestühle, mit Segeltuch bezogene Klappstühle und Klapptische können zum Sonnenbaden ins Freie getragen werden.

Wände mit lackierten Nut- und Federbrettern erinnern an Schiffskojen. Um die Szene zu vervollständigen, werden die Mahlzeiten auf robustem, farbenfrohem Tongeschirr serviert, der Tisch wird mit einer Gingan- oder Wachstuchdecke gedeckt, und als Beleuchtung für das festliche Abendessen dienen Bootslampen oder Laternen.

RECHTS: Sand und Weiß bilden eine ungewöhnliche, warme und heitere Alternative zu Blau- und Grüntönen. Ungebleichte Baumwollstoffe wurden durch aufgedruckte oder mit der Schablone aufgemalte Seesterne oder Muscheln zu neuem Leben erweckt und anschließend als Bezug für die Schachteln und für den Schuhsack verwendet.

RECHTS: Am Strand aufgelesenes, gebleichtes und von Wellen ausgewaschenes Treibholz eignet sich als auffällig geformter Rahmen für Fotos mit maritimen Motiven und für Spiegel. Schiffstaue, Muscheln, Kieselsteine, Korkschwimmer und anderes Strandgut können zum Ausschmücken von Rahmen dienen.

UNTEN: Fensterläden und Nachttische sind in sanftem Marineblau getüncht und leicht aufgebrochen, damit sie verwittert aussehen. Das verwaschene Blau der Wand setzt das Thema fort. Unter der Sockelleiste sind gepunktete Schweizermusselin- und Netzstoffe dekorativ angeordnet und verleihen dem maritimen Schlafzimmer eine frische feminine Note.

THE HOME ENTERTAINER

LINKS: Frische, saubere Bettwäsche mit nautischer Schabracke, gestreifte Kissenbezügen mit gefällig bezogenen Knöpfen und die gewaffelten Handtücher machen Klarschiff in einem Schlafzimmer des Strandhauses. Die blassen, blaugrünen Wände und die Möbel mit abblätternder Farbe sind der Inbegriff des Strandstils.

RECHTS: Die Schale aus Pappmaché erhält durch die Muscheln aus Knetmasse auf dem Rand eine dritte Dimension. Tropische Fische vervollständigen das Unterwasserleben auf der Schale.

OBEN UND UNTEN: Entenmuscheln, Herzmuscheln und Schneckenhäuser waren die Vorlagen für das Design dieser reizvollen, in Aquamarin und Sandfarben bestickten Tischdecke.

Accessoires von der Küste

Je gemäßigter Ihr maritimes Grunddekor ist, um so mehr können Sie mit den Accessoires zur Sache – oder besser zur See – gehen. Farbenprächtige tropische Fische jeder Form und Größe können auf Tellern und Schalen schwimmen und ihre Flossen an der Wand entfalten. Durchstreifen Sie Flohmärkte nach Tontellern in Fischform aus den zwanziger und dreißiger Jahren oder billigem Fischgeschirr aus Glas. Außerdem macht es wirklich Spaß, dekorative Gegenstände aus Pappmaché selbst herzustellen.

Von Meer und Sonne gebleichte Muscheln und Korallen haben ihre eigene, unvergleichliche Schönheit (aber brechen Sie niemals Korallen ab, ihre winzigen Bewohner brauchen Jahrhunderte, um sie wieder aufzubauen). Kleben Sie Ihre Strandfunde (oder gesäuberten Muscheln aus dem Fischgeschäft) auf den Rand eines Spiegels oder Bildes, auf den Deckel eines Kästchens oder schmük-

LINKS: *Die stilisierten, geometrischen Muscheln sind als Schablonen oder Druckmotive sehr vielseitig – hier auf Wandfliesen, einer blau gestrichenen Zigarrenkiste und einem Beutel aufgebracht. Auch ein einfaches, sich wiederholendes Segelbootmuster wirkt sehr freundlich. Goldene und silberne Farbeffekte passen besonders gut zu Blau.*

OBEN UND UNTEN: *Phantasievolle Fische, Meerjungfrauen, Seepferde und Seedrachen dienen schon seit Jahrhunderten als Dekor. Die klaren Linien und Farben der Fische, hier als Wandbild und als Schachtel, sind wunderbare Accessoires für das Badezimmer.*

ken Sie damit den Kamin. Große Muscheln kann man auf einer Fensterbank oder dem Kaminsims zur Schau stellen, kleine sehen in einer Schale oder in einem Glaskrug mit Wasser, das ihre schimmernden Farben zur Geltung bringt, sehr hübsch aus. Das gleiche kann man auch mit glatten, runden Kieselsteinen machen, die als Briefbeschwerer oder Türstopper dienen können, wenn sie schwer und groß genug sind.

Seetang, Muscheln und Fische sind althergebrachte Motive in der Volkskunst, zum Beispiel findet man blaue Tintenfische mit Schlangenarmen auf griechischen Vasen und Krügen. Ein lackierter und mit Schablonenmustern versehener oder emaillierter Metalleimer wird zu einem netten Papierkorb. Emaillebecher mit einfachen maritimen Mustern sind in der Küche sehr praktisch. Schlingen aus Schiffstau oder Kordel, auf denen Muscheln oder bemalte Korkschwimmer angebracht werden, können als Zurückhalter für Vorhänge dienen.

Traditioneller Stil

Mit diesem gemütlichen und einladenden Stil kann man gut leben, auch wenn er nicht immer leicht zu treffen ist. Die Accessoires scheinen über lange Zeit beiläufig gesammelt worden zu sein, obwohl das Arrangement wahrscheinlich sorgfältig geplant wurde. Die ungezwungene, scheinbar zufällige Mischung von Mustern und Materialien ist der Schlüssel zu diesem Stil.

LINKS: Dieses Wohnzimmer erhält seine warme Ausstrahlung durch das kräftige Terrakotta der Wände, die rot gemusterten Stoffe und die Details in komplementärem Grün.

RECHTS: Vermischen, nicht abstimmen – kontrastierende Muster, leuchtende Farben – so lautet das Leitmotiv.

LINKS: Ein gewöhnlicher Flur erhält durch den breiten, mit Schablonen bemalten Rand des Holzbodens einen attraktiven Blickfang – ein gelungener Kontrast zu den roten Wänden.

Gemusterte Dekoration

Muster in Kombination mit Farben bestimmen den traditionellen Stil. Alles soll so natürlich wie möglich aussehen. Wenn Sie sich für Schablonenmalerei entscheiden, können Sie ohne Bedenken den bewährten Farbkombinationen folgen. Gelungene Muster verbinden Rot mit Grün, Indigoblau und Schwarz auf cremefarbenem Hintergrund oder blasse Farben auf rotem Untergrund.

Verschiedene Textilien wie Überwürfe, Kissen und Orientteppiche können zwanglos kombiniert werden. Muster miteinander zu mischen, ist eine Kunst, und Experimentieren ist dabei besonders wichtig. Regeln sind dazu da, gebrochen zu werden, aber verschiedene Muster mit dem gleichen Farbton oder einer annähernd gleichen Farbskala zu kombinieren, ist stets ein guter Ansatzpunkt.

RECHTS: Muster in Hülle und Fülle bringt man durch die geschickte Farbwahl unter Kontrolle. Die roten und goldenen Stoffe finden hier durch goldene Oberflächen und die dunkle, rotbraune Truhe ihre Ergänzung.

OBEN: Farblich abgestimmte Überzüge stehen mit dem Kelimdruck des Vorhangs in Einklang, weil beide Muster geometrische Figuren darstellen und zudem schmale Streifen oder kleine Karos aus der Entfernung zu einer Farbe verschmelzen.

AGA
KEEP TIGHTLY
CLOSED

LINKS: In dieser Wohnküche mit dem Aga-Herd, dem sichtbar aufgestellten Geschirr, den geflochtenen Körben und den mit Schnitzereien verzierten Stühlen wurden Landhausstil und traditioneller Stil erfolgreich vereint.

RECHTS: Traditionelles, schon seit dem 18. Jahrhundert beliebtes rot- und cremefarbenes Toile de Jouy ist das Hauptelement dieses Wohnzimmers. Das Muster wiederholt sich auf der Tapete. Gestreifte und karierte Baumwollstoffe im gleichen Ton kontrastieren mit dem Hauptthema, ohne es zu dominieren.

OBEN: Dieses Gobelinkissen im Tudorstil paßt hervorragend zu dunkel polierter Eiche.

Traditionelle Stoffe

Der traditionelle Stil lebt von der Vielfalt, besonders in der Stoffwahl. Diese kann der aufregendste Teil der Dekoration sein, auch wenn die enorme Auswahl an Designs und Materialien, die heute im Handel sind, verwirren kann. Wenn Sie verschiedene Stoffe kombinieren, sollten Sie darauf achten, daß sie sich in Charakter und Qualität ähneln. Oder suchen Sie nach alten, stilechten Vorhängen oder hübschen Resten für Kissen. Früher wusch man neuen Chintz in Tee, damit er ein altertümliches Aussehen erhielt.

RECHTE SEITE: Prächtige Brokate, Damaste, Samt, Quasten und Bordüren, geschickt zusammengestellt und drapiert, schaffen eine opulente Atmosphäre. Diese großartigen Designs künden von großzügigen Räumen und üppigem Lebensstil. Alte Textilien sind wunderschön, jedoch oft brüchig und lichtempfindlich.

Kühl und minimalistisch

Während der traditionelle Stil von der Wirkung der Muster, ihren Strukturen und der Intensität abhängt, lebt der minimalistische Look von der Subtraktion. Die Farben sind kontrastarm, weiß oder neutral, und die Möbel auf die minimale Funktion reduziert. Architektur ist hier äußerst wichtig, kontrolliert alles und sorgt für Harmonie in Design, Struktur und Raum.

LINKS: In diesem kühlen, modernen Wohnraum ist Form Funktion; die gesamte Dekoration liegt im Design.

RECHTS: Die einfache Eleganz dieses Tafelzubehörs bringt die servierten Speisen besser zur Geltung.

Graphisch gestaltete Wände

Minimalismus ist eine Lebensart, die oft angestrebt, aber selten erreicht wird. Minimal heißt radikal, effektiv, mondän – und unbarmherzig. Dieser Stil stützt sich auf das Weglassen jeder ablenkenden oder überflüssigen Dekoration. An einer sauberen, leeren Wand ist das Design eines Heizkörpers entscheidend, während ein einzelnes Gemälde, eine Skulptur oder Vase zu einem wahren Augenschmaus werden kann. Der Minimalismus paßt hervorragend zum geschäftigen Stadtleben des 20. Jahrhunderts, weil klare Linien, leere Ecken und glatte Oberflächen wenig Pflege und Aufmerksamkeit benötigen.

In einem Zeitalter, das ganz auf den Konsum ausgerichtet ist, kann die fast klösterliche Einfachheit des Minimalismus durch die Ästhetik der Reinheit und Effizienz durchaus Ruhe und Frieden vermitteln. In dieser wohltuend nackten Umgebung sind alle Details ausschlaggebend. Linien sind hundertprozentig gerade oder rechtwinklig, Kurven sind verpönt. Wandoberflächen sind glatt oder aus rohen Ziegelsteinen, weiß oder cremefarben gestrichen, manchmal mit schwarzen, glänzenden Mustern versehen, die einen gestalterischen Schwerpunkt bilden. Weiße Wände müssen regelmäßig aufgefrischt werden, damit sie gut aussehen, was in der spartanischen Umgebung nicht schwierig ist. Bilder oder andere dekorative Gegenstände sollten sehr überlegt aufgehängt werden, da der Effekt von einer rasiermesserscharfen Symmetrie abhängt.

RECHTS: Zwei Reihen gleich großer, exakt aufgehängter, blauer Fliesen vermitteln das Gefühl von wohlgeordneter Symmetrie in einer modernen Küche.

RECHTE SEITE: Die geometrische Schlichtheit der Quadrate ist wohltuend proportioniert und stilvoll.

RECHTE SEITE GANZ AUSSEN: Der schwarze Heizkörper wirkt vor dem kühlen blauen Hintergrund wie eine Skulptur – ein Eindruck, den die schwarzweißen Drucke noch verstärken.

LINKS: Weniger ist mehr bei diesem interessanten, in geometrischem Schachbrettmuster gefliesten Badezimmer. Die Badewanne und die Dusche im alten Stil wurden hier mit zeitgenössischem Schwarzweiß gepaart, was einen zeitlos modernen Eindruck schafft, dessen Wirkung von den sorgfältig ausgewogenen Proportionen abhängt.

Limitierte Farbpalette

Eine gemäßigte Version des minimalistischen Stils ermöglicht eine etwas erweiterte, jedoch immer noch limitierte Farbpalette und mehr Raum für dekorative Details. Konzentrieren Sie sich auf gute Qualität, die lange hält. Wenn Sie es sich leisten können, erhellt ein Fußboden aus honigfarben lackierten Dielen Ihren Wohnraum und bietet eine klassische, gutaussehende Grundlage. Cremefarbener Voranstrich mit Wasserfarbe erzeugt einen besonders blassen Ton. Kokos-, Sisal- oder Seegrasmatten sind eine neutrale und haltbare Alternative. Cremige Wände harmonieren mit kolonialen Korb- oder Ledermöbeln in Brauntönen, die ruhig einen folkloristischen Touch haben dürfen. Oder Sie beginnen mit Weiß und fügen andere Farben hinzu: weiße und blaßgraue Wände mit Zitronengrün oder Gelb, oder aber Weiß mit einem Schuß Krapprot oder Indigo. Arbeiten Sie mit Materialien wie Leinen, Baumwolle, Jute, Musselin oder Wolle – einfarbig oder gestreift.

Möbel können aus verschiedenen Epochen oder Kontinenten großzügig zusammengewürfelt werden – etwa ein geschnitztes indisches Kaffeetischchen mit einem Kalikosofa, das durch ein helles Kissen zum Leben erweckt wird. Dieser moderne und angenehme Wohnstil sieht aus, als hätte er Millionen gekostet, und manchmal kostet er auch soviel, aber mit etwas Geschick läßt er sich für viel weniger Geld verwirklichen.

LINKS: Weiß getünchte Wände in Kombination mit lackiertem Holz und einfarbigem Leinen ergeben diesen schlichten, dekorativen Stil.

OBEN RECHTS: Weiße oder cremefarbene Blumen sind die besten Accessoires für diesen Understatement-Look, vor allem in Terrakottatöpfen, auf denen die Zeit ihre Spuren hinterlassen hat.

RECHTS: Praktische weiße Fliesen für Wand und Arbeitsfläche in der Küche wirken durch Reliefffliesen lebhafter.

Links: Das minimalistische Weiß der Wände und die gebeizten Dielen erhalten durch einen modischen, giftgrünen Anstrich Pfiff. Die geschwungenen Linien des weiß lackierten Betts wiederholen die Linie der Stuhlbeine. Kissen und Decken machen durch Streifen und hübsche Borten Ton in Ton das ganze erst richtig interessant.

RECHTS: Stacheliges Gras oder Bambus sind der Beitrag der Pflanzenwelt zur Architektur. Ihre elegante Form ist frisch und modern, vor allem wenn sie in schlichten, galvanisierten Metalleimern statt in Ton- oder Keramiktöpfen stehen.

UNTEN: Faltrollos lassen mehr Licht durch und sind normalerweise billiger als Vorhänge – und meist leicht selbst herzustellen. Klassische Streifen, die sich in das Farbschema des Raumes einfügen, wirken klar und elegant.

Elegante Details

Wenn Sie einen minimalistischen Stil anstreben, Ihre Zeit und Ihr Geldbeutel es aber nicht zulassen, daß Sie das gesamte Haus renovieren, gibt es dennoch Mittel und Wege, diese Ästhetik zu erreichen. Sortieren Sie alles aus, was Sie nicht unbedingt brauchen – Sie werden sich wundern, wieviel das ist, wenn Sie erst einmal anfangen.

Sämtliche dekorativen Extras sollten schlicht sein. Jeder Gegenstand muß unbedingt funktional sein und einen dekorativen Wert besitzen, und wenn möglich sollten Sie lieber zu einer einfachen, zweckmäßigen Form greifen als zu einer verzierten, verschnörkelten. Falls Sie gemusterte Textilien einführen, sind geometrische, moderne oder folkloristische Muster zu bevorzugen, die man je nach Bedarf mit Einfassungen oder Bordüren interessanter gestalten kann. Wählen Sie natürliches Material und klare Farben. Eine Glasvase mit Tulpen, eine Reihe Kieselsteine oder Muscheln auf dem Kaminsims, eine Sammlung geschnitzter Holzlöffel an der Wand – das alles wirkt sehr stilvoll und ist ohne Aufwand und mit wenig Geld zu beschaffen.

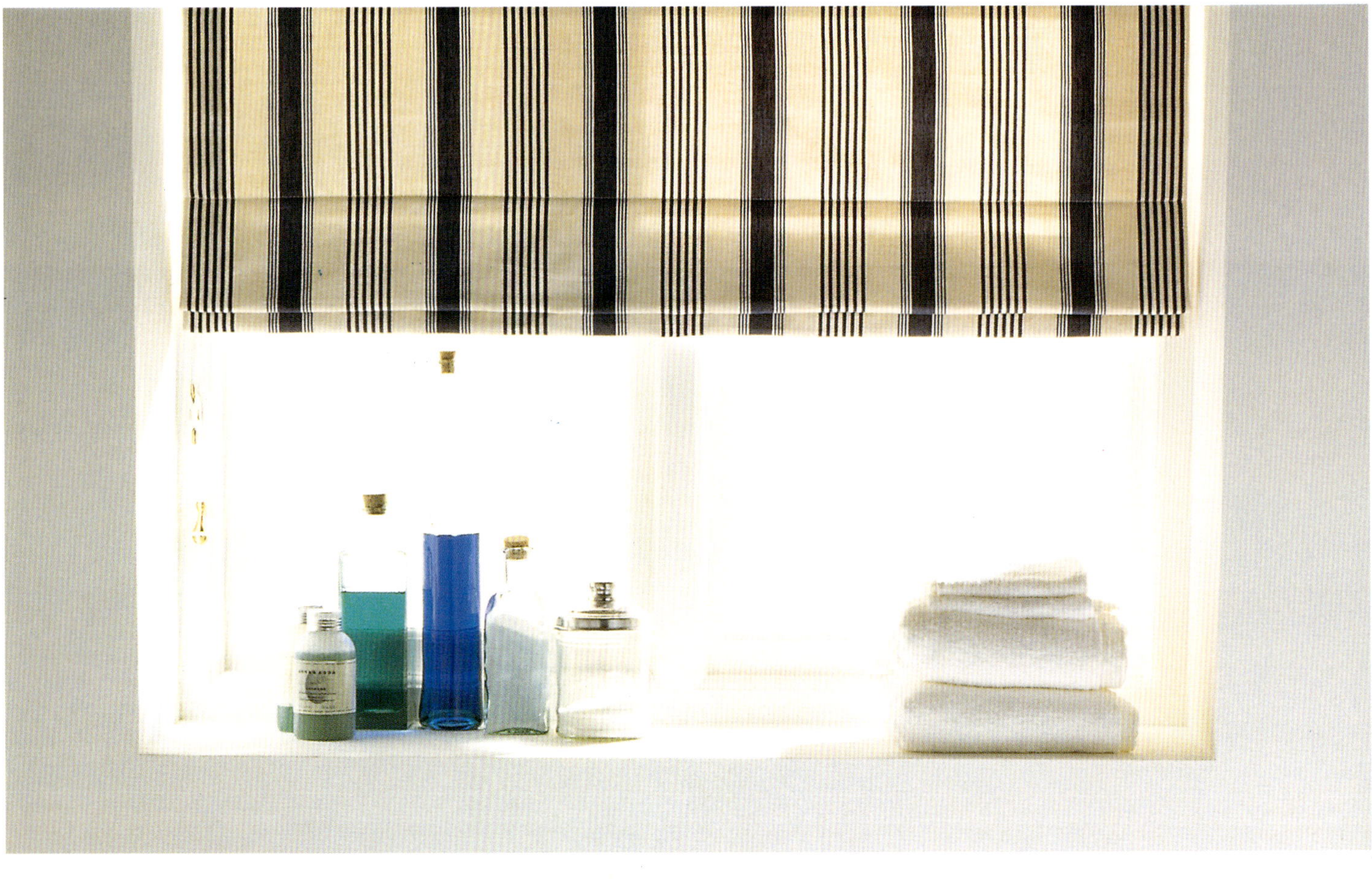

LINKS: Ein dekorativer Blickfang sollte geometrisch und einfach gehalten sein. Dieses kalligraphische Dekor wurde mit Schleifen im gleichen Farbton auf ein glattes, cremefarbenes Rollo genäht. Sie bilden auch den Rand des Rollos und machen es zu etwas Besonderem. Das durchscheinende Tageslicht betont das Dekor zusätzlich.

OBEN: Gelungene graphische Silhouetten in einem bemalten Rahmen sind sehr wirkungsvoll.

ACCESSOIRES UND TEXTILIEN

Einführung

Die Inneneinrichtung samt den wichtigsten Accessoires bestimmen Funktion und Atmosphäre eines Raumes. Textilien jeglicher Art – steif, geschmeidig, grob oder glatt, einfarbig oder bedruckt, gewebt, gestrickt oder genäht – sorgen für den Gesamteindruck. Flauschiger Samt für ein gemütliches Wohnzimmer, klare Twills für ein sachliches Arbeitszimmer oder schicke Leinentischdecken für ein Eßzimmer – Textilien bedecken und runden ab, verschönern und verstecken oder sehen einfach nur schön aus.

LINKS: Stoffe in frischen Grün- und Weißtönen, die durch gelbe Akzente aufgelockert werden, geben diesem Raum seinen leichten, luftigen Charakter.

RECHTS: Der polierte Eßzimmertisch, der für ein festliches Dinner gedeckt ist, erhält durch fein besticktes Leinen und das geschickt arrangierte Seidenband ein besonderes Flair.

Stoffstrukturen und Gewebe

Bei der Auswahl von Stoffen muß man unbedingt die Wirkung der Struktur und des Gewebes in Betracht ziehen. Schlichte, dicht gewebte Stoffe erscheinen solide und haltbar. Unebene Garne wie grob versponnene Seide oder natürliche, handgesponnene Baumwolle sind möglicherweise genauso kräftig, aber ihre unregelmäßige Oberfläche ist angenehm abwechslungsreich. Damast und Brokat sind reich strukturierte Stoffe mit glänzenden Stellen. Samt reflektiert oder absorbiert das Licht, je nachdem, wie es auf den Flor fällt, und vermittelt kuschelige Wärme.

LINKS: Spitzen und Netze aus Natur- oder Metallgarn sorgen für einen leichten, luftigen Effekt oder haben auch auf schweren, farbenfrohen Stoffen eine unglaubliche Wirkung. Feinmaschige Netze können sogar in mehreren Schichten angeordnet werden. Größer gemusterte Spitzen sind exzellente Vorhänge, die vor Blicken schützen, aber nicht verdunkeln.

1 **2** **3** **4** **5** **6**

OBEN: Es gibt ganz unterschiedliche Seidenstoffe, vom schweren Brokat, oft mit eingewebten Metallfäden, bis hin zum federleichten Chiffon. Alle haben den undefinierbaren Hauch von Luxus und sind nicht leicht zu verarbeiten. Nehmen Sie dünne Nähnadeln und Fäden und seien Sie großzügig mit Naht- und Saumzuschlägen. Heften Sie alles mit Stecknadeln ab und bügeln Sie den Stoff zwischendurch mit einem kalten Bügeleisen.

1 *Chiffon: luftig, matt und durchsichtig* **2** *Organza: gazeartig, geschmeidig* **3** *Siamesische Seide: feine, unebene Struktur* **4** *Schwerer Satin: luxuriös, weicher Glanz* **5** *Brokat: interessante, lebendige Oberfläche* **6** *Satin: reiches, weich schimmerndes Gewebe*

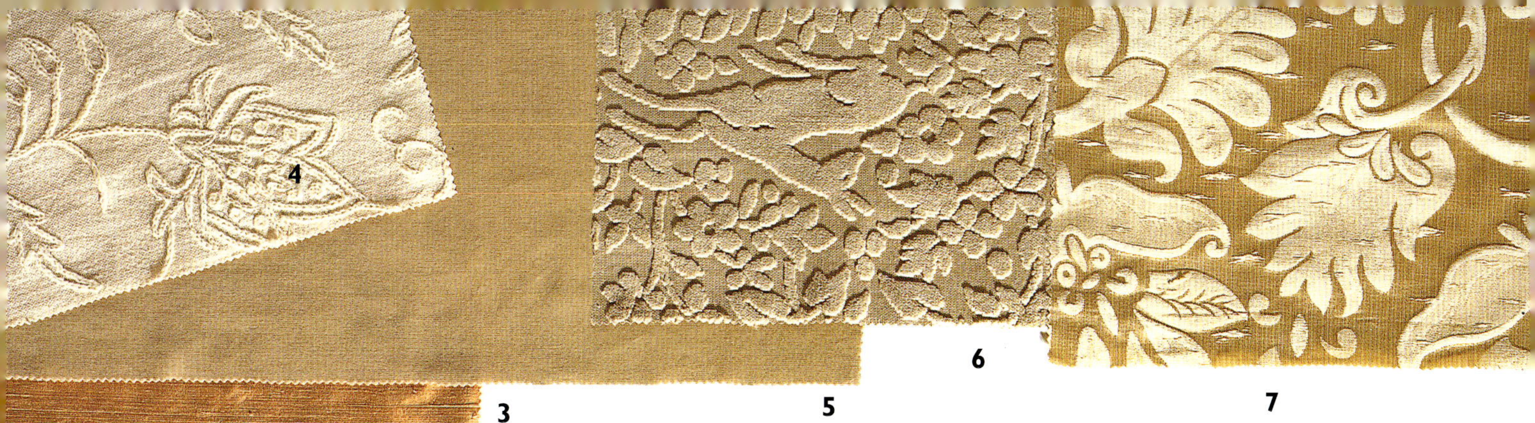

Links und oben: *Elegante, schwere Stoffe, reich strukturiert, wirken luxuriös. Oft verwendet, um an die Atmosphäre der viktorianischen Epoche zu erinnern, ergeben Samt, Damast und Chenille opulente Vorhänge und Bezüge. Samt und Moleskin sind prächtige und haltbare Polsterstoffe und Überzüge.*

1 *Chenille: unebener, doppelseitiger Flor, sehr weich, fällt sehr gut* **2** *Moleskin: weich, samtig, widerstandsfähig* **3** *Indische Dupionseide: markant, grob gewebt* **4** *Stickwollarbeit: handbestickt, Wolle auf schwerer Baumwolle* **5** *Seide: weicher als Chenille, reicher als Moleskin* **6** *Seide: hervorstehende Muster* **7** *Damast: kontrastierende Strukturen in gewebten Mustern*

Oben: *Diese einfachen Leinentücher zeigen die subtile Variation von Farben und Strukturen natürlicher Gewebe.*

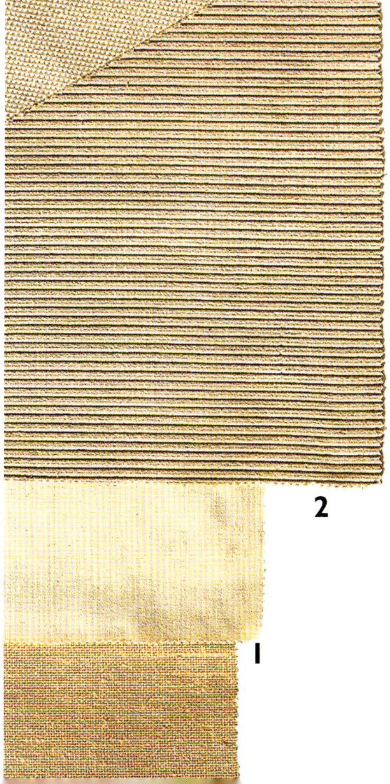

Links und oben: *Informelle Stoffe sind funktional und haben einen starken, individuellen Charakter. Sie verleihen einem Raum ein praktisches, zeitgenössisches Flair.*
1 *Jute: grob, lebendig* **2** *Indische, handgewebte Baumwolle: uneben* **3** *Kord: weich, widerstandsfähig* **4** *Sackleinen: unverkennbar* **5** *Fischgrätentweed: Rohseide, fällt sehr schön* **6** *Segeltuch: kräftig* **7** *Leinen: robust*

1 2 3 4 5

Gemusterte Stoffe

Große Muster sind auffallend und eindrucksvoll. Sie verlangen Platz und Aufmerksamkeit, während kleine, flächendeckende Muster den Eindruck einer einzigen, wenn auch gebrochenen Farbe vermitteln.

OBEN: **1** *Wunderschönes, gedrucktes, flächendeckendes Muster, das eine große Bandbreite von Farben verwendet* **2** *Gewebtes goldenes Motiv auf blauem Untergrund* **3** *Großes, dramatisches Muster – glatt aufgehängt entfaltet es seine volle Wirkung.* **4** *Lebendiger Chintz für Vorhänge, fällt gut* **5** *Kompromißlose Streifen aus geschmeidiger Wolle, weich und schwer*

LINKS: Die aufeinander abgestimmten Farben vereint ein Farbschema. Jeder dieser Drucke enthält zwei oder mehr der drei Grundfarben – Marineblau, Rot und Creme –, die trotz der vielen verschiedenen Muster für Harmonie sorgen.

RECHTS: Drucke in verschiedenen Tönen einer Farbe harmonieren miteinander – und auch mit anderen Farben. Es muß sich aber ein konstantes Thema ergeben, wie hier Burgund und Rot.

UNTEN UND RECHTS: **1** *Gewebtes Motiv: gut harmonierende Farben* **2** *Blumendruck: östlicher Einfluß, farbenfroh* **3** *Volkstümlicher Druck: robust, warm, bodenständig* **4** *Bilddruck: Tafeldesign, trennbar* **5** *Gewebte Streifen: auffallend, gleicht andere Entwürfe aus* **6** *Plaid: vereint gegensätzliche Farben*

LINKS UND UNTEN: **1** *Gingankaros: gut mit anderen geometrischen Mustern zu verbinden* **2** *Enge Streifen: wirkt fast einfarbig, gut kombinierbar* **3** *Toile de Jouy: klassisch* **4** *Abstrakter Druck: groß und fein* **5** *Kleiner Druck: wirkungsvolle geometrische Muster* **6** *Sich wiederholendes Muster: gewebt*

RECHTS: Die meisten Bildmotive und Muster sind auf die rechte Seite des Stoffes gedruckt, während Schottenmuster, Tweed und Gingan eingewebt werden. Muster muß man vorsichtig kombinieren, um ein professionelles Ergebnis zu erhalten.

UNTEN: **1** *Auffälliges Schottenmuster* **2** *Schimmernder, hübsch gestalteter Samt* **3** *Eindrucksvolles Gewebe für eine kontrastreiche Umgebung* **4** *Farbenfroher Madras, guter Vorhangstoff* **5** *Lebhafte Streifen, gut für ein dynamisches Rollo*

Farbkombinationen

Einige Farben passen einfach zueinander, während sich andere beißen oder unangenehm aussehen. Die gesamte Stimmung eines Raumes kann sich radikal verändern, wenn man den Schwerpunkt der Grundfarbe, warm und einladend oder kühl, klar und frisch, verlagert. Der Schlüssel zu harmonischen Farbkombinationen liegt in dem Wissen über verträgliche Farbgruppen. Warme Farben – Gelb bis Orange und Rot bis Purpur – scheinen dem Betrachter entgegenzukommen, während sich kalte Farben – Giftgelb bis Grün und Blau bis Violett – zurückziehen. Eine warme Farbe mit einer Gruppe kalter Farben zu kombinieren oder umgekehrt, kann einem Farbschema deutlich mehr Wirkung verleihen. Ähnliche Farben oder Farbtöne sind dabei beruhigender als starke Kontraste. Bestimmte Farben erhöhen den räumlichen Effekt. Blaßblau weitet den Raum und vergrößert die Entfernung, während Dunkelrot oder Purpur ein Zimmer viel kleiner und intimer erscheinen lassen.

Mit Textilien und Stoffen kann man leicht und schnell die Farbbalance eines Raumes verändern. Kissen, eine neue Tischdecke oder ein neuer Bettüberwurf können eine dramatische Wirkung auf das vorhandene Farbschema haben.

OBEN: Kühle Farben in ähnlichen Tönen lassen sich gut kombinieren, hervorgehoben durch warmes Rosa oder Rot von gleichem Farbwert.

RECHTS: In dieser Decke wurden dieselben Farben verwendet wie in den Stoffmustern oben. Das helle zentrale Muster hebt sich in diesem reichen Farbschema spürbar ab.

OBEN: Ein einladender Stapel sanft schimmernder Kissen, Ton in Ton mit Gold

LINKS: Gedämpfte Farben in eng verwandten Tönen sind eine verhaltene, raffinierte Kombination.

RECHTS: Dunkles, fast schwarzes Leinen wird hier mit einer breiten Schleife in Dunkelorange kombiniert.

OBEN: Brokat, Damast und strukturierter Samt sind luxuriöse Stoffe, die schon für sich allein eine eigene Farbqualität und einen besonderen Glanz besitzen. Ihre unterschiedlichen Strukturen und Muster harmonieren dank des Schimmers und der Farbtöne gut miteinander.

Kombinierte Gewebe, Muster und Farben

Der Reichtum an Farben, Mustern und Strukturen, der bei Textilien zu finden ist, bietet ungeahnte Möglichkeiten für aufregende Stoffkombinationen. Mischen Sie Dupions aus Rohseide mit gesprenkeltem Tweed, lockern Sie die Steifheit eines symmetrisch geschnittenen Sofas mit einem bestickten Kissen auf, dessen Metallfäden auffällig glänzen, oder setzen Sie Satin und Samt mit weichen, durchsichtigen Musselinfalten ab.

Verzierungen, Bordüren, Bänder und Schleifen sind zusätzliche Blickfänger, aber denken Sie daran, daß die eingesetzten Gewebe gemeinsame Eigenschaften in Struktur, Muster, Farbe oder Farbton aufweisen sollten.

OBEN: Fransen, Quasten, Spitzen und Bordüren, Knöpfe und Bänder aus Seide, Wolle oder Metallfäden – durch solche Verzierungen wird ein Kissen interessanter, und die Kanten erhalten deutlichere Konturen.

RECHTS: Auffällig bedruckte Vorhänge, die in Falten gelegt wurden, erzielen durch fröhliche Schleifen aus roten Wollfäden einen ganz eigenen Effekt.

RECHTS: Kontrastierende Tweeds – einmal rauh, einmal glatt – lassen sich mit Hilfe eines Schrägbandes im Blau der Karos kombinieren.

Vorhänge und Stoffrollos

Vorhänge und Stoffrollos bringen Stimmung in jeden Raum und sind ein Blickfang – von großartigen, mehrschichtigen Vorhängen mit Volants bis hin zu einfachen Rollos aus Baumwollstoffen. Sie rahmen die Fenster ein und stellen die Verbindung zwischen der Inneneinrichtung und dem Blick nach draußen her.

LINKS: Gehalten von schweren Quasten und einer dekorativen Messingstange, ist dieser Vorhang mit Motivdruck ein interessanter Blickfang für jeden Raum.

RECHTS: Eine kräftige, schmiedeeiserne Stange mit Ringen steht diesem eleganten, cremefarben und dunkelgrün gestreiften, in lose Falten gelegten Vorhang mit einer Oberkante aus Schottenmuster bewundernswert gut.

Traditionelle Muster

Die Verwendung von Stoffen mit gedruckten oder auch gewebten Mustern schenkt einem Raum eine angenehme und vertraute Atmosphäre. Blumenmotive waren für Polstermöbel schon immer besonders beliebt, und es gibt eine große Auswahl verschiedener Stilrichtungen: von üppigen, zufällig zusammengestellten Rosen bis hin zu naiven Sträußchen und figürlichen, regelmäßigen Designs.

Da Vorhänge relativ viel Platz beanspruchen, sind eine unkomplizierte Machart und traditionelle Muster vorteilhaft. Man kann das Muster betonen, indem man es für Kissen oder auch in Stickereien wiederaufnimmt. Solange gleiche Farben auftreten, können auch verschiedene Muster zusammen sehr gut aussehen, wenngleich eine gewisse Koordination eine ruhige Atmosphäre sicherstellt.

OBEN: Drucke mit denselben Mustern in verschiedener Größe harmonieren sehr gut. Helle, frische Farben passen ausgezeichnet zu alten, polierten Möbeln.

LINKS: Große Blumen auf gedecktem Rosa – diese Vorhänge lassen den Raum gemütlich, ruhig und einladend aussehen.

RECHTE SEITE: Der kräftige, sich wiederholende Druck von William Morris ist hier gut in Szene gesetzt und wird durch die gestickte Version auf den Sitzen der Stühle und auf dem Kissen noch ergänzt.

OBEN: Synthetische Stoffe in verschiedenen Blautönen – bestickter Polyester, gewebter Polyester, Lycra, Moirétaft und geglätteter gewebter Velour

OBEN: Vinyl hat eine glatte Oberfläche und kann als Unterlage für gewebte oder gestrickte Textilien dienen.

Kühle Blautöne

Räume in den verschiedenen Tönen einer Farbe auszustatten verleiht ihnen einen besonderen Charakter. Blau ist eine kühle, frische Farbe, die Heiterkeit und Weite ausstrahlt. Andere Farben können Blau mehr Wärme verleihen. Sehr schön mit Weiß, brillant in Karos oder Streifen, kann reines Blau mit viel Geschick aber auch »verschmutzt« werden, wenn man eine feinere Wirkung erzielen will.

Wegen der Assoziation mit Wasser ist Blau die bevorzugte Farbe für Küchen und Badezimmer, eignet sich aber auch für jedes Zimmer, das Ruhe und Geräumigkeit ausstrahlen soll.

LINKS: Dieser in weichem Creme und Blau gestreifte Vorhang hat einen passenden Volant, der mit einer dicken Baumwollkordel verziert ist. Eine dezente, raffinierte Idee.

UNTEN: Kühle blaue Stoffe mit bedruckten oder gewebten Motiven **1** *Lebendiger Popelin für Stoffrollos und Vorhänge* **2** *Klassische Baumwollkaros* **3** *Chintz: althergebrachter Stil, sehr charmant* **4** *Nachtblauer Samt für verschwenderische Vorhänge* **5** *Frische, dreifarbige Karos*

LINKE SEITE: Eine stilisierte Welle in Türkis ziert diesen genialen Vorhang. Die gewellte Schabracke ist eine zurechtgeschnittene, mit Creme und Blau getünchte Hartfaserplatte, auf der Muscheln angebracht wurden.

1 2 3 4 5

Verwendung von Kopfbändern

Man kann aus Kopfbändern ein einfaches Bleistiftband herstellen, das den Charme des Stoffes gut zur Geltung bringt. Benutzen Sie bei Bedarf gute Futterstoffe zum Schutz gegen Zug und Kälte. Planen Sie einen großzügigen Saum ein – auf den Verpackungen der Kopfbänder stehen meist Hinweise über den Stoffverbrauch.

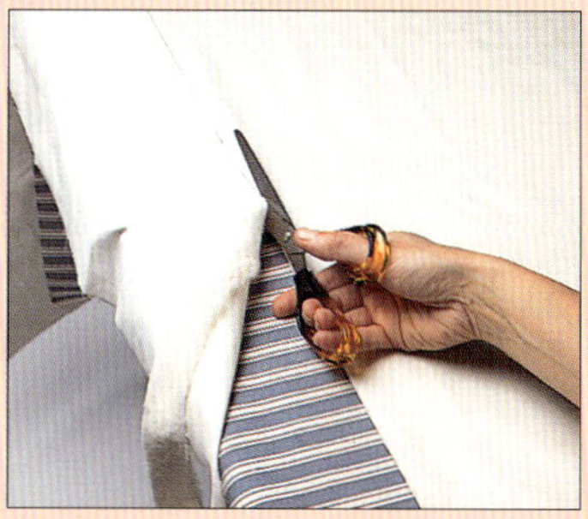

1 Die Länge abmessen; anzeichnen und Futter und Zwischenfutter zuschneiden.

2 Den Saum umlegen, Kanten und Ecken einschlagen und feststecken.

3 Das Kopfband mit der Maschine absteppen und ein Ende für die Schnur offen lassen.

4 Vorhang auf die gewünschte Breite ziehen und einen Knoten in die Schnur machen.

Fesche Rottöne

Rot ist eine geniale Farbe, um eine gemütliche Atmosphäre zu schaffen: Es macht einen Raum einladend und gibt ihm eine persönlich Note. Ins Braun gehendes Rostrot läßt an den Glanz alter Zeiten denken, klares Kirschrot wirkt dynamisch.

Diese positive Farbe ist nicht leicht mit anderen zu kombinieren. Wie zu anderen kräftigen Farben ist Weiß ein schöner Kontrast, und Rot mit Schwarz hat eine durchschlagende Wirkung. Im übrigen kann man Rot auch sparsam einsetzen, um warme Akzente in einer sonst mit kühlen Farben ausgestatteten Einrichtung zu setzen.

UNTEN: *Karos in warmen Erdfarben und Blaßgold verschönern ziegelrote Wände.*

LINKS: Hellrote und weiße Karos ergeben lustige Vorhänge fürs Kinderzimmer. Die Schlaufen wurden mit hübschen bezogenen Knöpfen versehen.

Selbstgemachte Schlaufen

Schlaufen sind einfache und zweckmäßig genähte Aufhänger für Vorhänge, die sich so leicht auf- und zuziehen lassen. Die Schlaufen bilden einen Blickfang, ohne den Raum zu überladen. Schlaufen können einfarbig oder wie hier in demselben Stoff gehalten sein. Man kann sie auch mit hübschen Knöpfen verzieren.

1 Eine Schablone in der gewünschten Größe aus Pappe ausschneiden. Die Schablone auf die Mitte eines Streifens legen und die Form auf die linke Seite des Stoffes nachzeichnen. Den Stoff mit einer Saumzugabe von 1,5 cm zuschneiden.

2 Zwei Stücke mit der rechten Seite nach innen zusammennähen, das gerade Ende offen lassen.

3 Den übrigen Stoff entlang der Naht im Abstand von 2 mm abschneiden.

4 Die Schlaufen von innen nach außen drehen und bügeln.

5 Das gerade Ende an die Rückseite nähen und die Spitze vorne mit einem Knopf befestigen.

Durchsichtige Vorhänge und Gardinen

Manchmal sollen Vorhänge vor neugierigen Blicken schützen, ohne viel Licht wegzunehmen. Musselin, Organza und Tüll sind leichte Stoffe, die abschirmen und dennoch genügend Tageslicht hereinlassen. Sie sind außerdem nicht teuer und können daher im großen Stil eingesetzt werden.

Die dünnen Stoffe können glatt oder gemustert sein und aus Natur- oder Kunstfasern bestehen. Baumwolle und Seide fallen aber etwas weicher als synthetisches Gewebe.

OBEN: Einfarbige und gemusterte Viskose und einfarbiger Organza: Diese Gardinenstoffe können mehrschichtig verwendet werden, um einen raffinierten, changierenden Effekt zu erzielen.

OBEN RECHTS: Diese Gardine aus locker gewebter Gaze erhält ihren Reiz durch das einfache Motiv, das auf der Schabracke wiederholt wird.

RECHTS: Weiches, diffuses Sonnenlicht scheint durch den gestreiften Vorhang aus Organza. Die dünne Stange wird durch einen Durchzug oben am Vorhang geschoben.

RECHTE SEITE: Über dem Fenster schweben geraffte Wolken aus weißem Musselin, lose drapiert und in der Mitte geknotet.

Einfache Faltrollos

Wo der Platz rund um das Fenster beschränkt oder ein schlichter Stil geboten ist, bieten Faltrollos eine elegante Lösung. Sie bestehen aus rechteckigen Stoffstücken, die mit Hilfe von Schnüren, die an den Rändern durch Ringe laufen, hochgezogen werden und sich dabei in Falten legen. Faltrollos sind einfach und preiswert herzustellen, denn man braucht dafür weit weniger Stoff als bei jeder anderen Fensterverkleidung, und fast jedes Material eignet sich. Stoffe mit großen Drucken, besonders Portraits, bilden ein einzigartiges Dekor.

Entsprechende Stoffe sind wirksame Lichtfilter für sehr sonnige Räume, die man eventuell mit gemusterten Vorhängen kombinieren kann. Dekorative Säume wirken ebenfalls sehr reizvoll. Darüber hinaus erscheint die stilvolle Schlichtheit von Faltrollos ungemein modern.

RECHTS: Ein gestreiftes Faltrollo mit rostroten Rändern wurde genau in diesen Fensterrahmen eingepaßt. Die Streifen unterstreichen den abgesetzten Holzrahmen.

LINKE SEITE: Das Licht, das diesen hellen Raum durchflutet, wird durch blasse, cremefarbene Faltrollos auf unterschiedlicher Höhe gefiltert. Sie wurden elegant mit einem Gehänge aus einer dicken Kordel dekoriert.

OBEN: Dieser Zickzacksaum folgt den Linien des Stoffmusters.

OBEN: Eine Bogenkante für ein hübsches geblümtes Faltrollo

OBEN: Troddeln im passenden Ton schmücken den Saum dieses Stoffrollos.

OBEN: In Schachtelfalten gelegter doppelter Stoff ist an den Saum des Rollos genäht.

LINKS: Seidiger, honiggoldener Damast wurde in sanfte Wogen gelegt. Der in Bogen genähte Saum ist mit passenden Fransen aus Goldschnüren verziert.

RECHTE SEITE: Ein fröhlicher Baumwolldruck, die Schnur durch gestanzte Messingösen geführt – so eignet dieses Rollo sich prima für ein Gartenhaus oder einen Wintergarten.

Dekorative Stoffrollos

Man kann Faltrollos durch die Art, wie man sie rafft, sehr dekorativ gestalten. Wie bei glatten Stoffrollos laufen die Kordeln durch Ringe auf der Rückseite. Der Stoff wird zu Wogen zusammengezogen oder in Falten gelegt.

Mit dem ungezwungenen Look dieser dekorativen Faltrollos läßt es sich gut leben. Sie können auch fest drapiert werden und müssen nicht unbedingt hochziehbar sein. Während einige Stilrichtungen üppig, vielleicht sogar ausgesprochen aufwendig sind, kann man mit der gleichen Technik aus robusten, lustig bedruckten Stoffen fröhliche und spaßige Versionen herstellen.

RECHTS: Heruntergelassen und mit Schleifen aus Seide gehalten, dient dieses Rollo im Schottenmuster als permanenter Sichtschutz.

Stoffrollo mit Zugvorrichtung

Die Schnüre für Stoffrollos laufen durch zwei senkrechte Reihen von Ringen auf der Rückseite. Oben wird eine schmale Holzleiste eingenäht, auf der je eine Ösenschraube oberhalb der Ringreihen befestigt wird. Die Schnüre werden vom untersten Ring aufwärts eingefädelt, eine Schnur wird zusätzlich durch beide Ösenschrauben gezogen, so daß beide Schnüre auf einer Seite hängen.

1 Die Ringe 10 cm vom Rand in Abständen von 30 cm aufnähen.

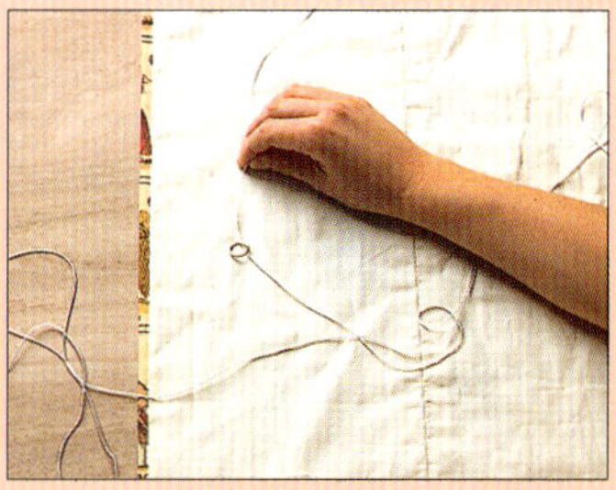

2 Die Schnüre durch die Ringe und Ösenschrauben ziehen und zusammenführen.

Natürlicher Look

Zarte, ausgebleichte Farben und die angenehmen Strukturen natürlicher Materialien schaffen eine Atmosphäre entspannter Ruhe, was als Ausgleich zum turbulenten modernen Leben besonders wohltuend ist.

Stoffe wie grob gesponnene Seide oder Jute und Leinen sind in natürlichen Farben besonders attraktiv. Eine limitierte Palette neutraler oder erdiger Farben unterstreicht die Eigenschaften von Möbeln, Polstermöbeln und Textilien. Wände in blassen Cremefarben, gewachste Holzmöbel oder zartes Bauerngeschirr werden durch weiches Musselin, grobes Leinen oder rauschende Tussahseide aufgewertet.

OBEN: Honig und Sand, schimmernde Tussahseide, bernsteinfarbene Dupionseide, glänzender Perlmuttsatin, wolkiger Organza und Chiffon

RECHTS: Leichtes, kreppartiges Leinen in Creme mit einem Zurückhalter aus handgesponnener Baumwolle und Perlmuttknöpfen

RECHTE SEITE: Die in Falten gelegte Seegrasbadematten, mit Jute und goldenen Sternen dekoriert, paßt hervorragend zu der zinnoberroten Wand und der geschliffenen Kieferntür.

Zurückhalter

Zurückhalter können aus fast jedem beliebigen Material bestehen, genau wie die für diesen Zweck hergestellten Kordeln und Troddeln. Bast ist hübsch für ein Gartenhaus oder einen Wintergarten, alte Krawatten im Arbeitszimmer und Teile eines Pferdezaumzeugs für ein Kinderzimmer, das von Pferdeliebhabern bewohnt wird.

Elegant, dezent, witzig oder auffällig – Zurückhalter können ebenso zweckmäßig wie originell sein.

OBEN: *Eine hübsche Efeuranke, Plastikzweige und bedruckter Stoff wurden mit Draht zusammengebunden und um den schweren Spitzenvorhang geschlungen.*

OBEN RECHTS: *Karos, durch Blütenblätter einer Sonnenblume am unteren Saum ergänzt, betonen den frischen Landhausstil.*

RECHTS: *Üppige, schwere Seidenquasten und Fransen aus Goldschnüren zieren diesen schweren, traditionellen Brokatvorhang vor der elegant gestreiften Wand.*

LINKS: Schlicht und elegant – zu einer Schnur geflochtene, blaue Reste passen hervorragend zu diesem gewebten Vorhangstoff.

UNTEN: Gewaschene Woll- und Baumwollreste, eingefärbt und zusammengeflochten, ergeben eine dicke weiche Schnur mit schöner Knotenstruktur.

Selbstgemachte Zurückhalter

Um festzustellen, wieviel Stoff benötigt wird, zuerst die Breite des Vorhangs an der Stelle messen, wo der Zurückhalter später sitzen soll. Dann in dieser Länge ein Oval zeichnen. Zwei Stoffstücke in dieser Form mit einer Saumzugabe von 1,5 cm zuschneiden. Mit den rechten Seiten aufeinanderlegen, abstecken und zusammennähen, jedoch eine Lücke zum Wenden lassen.

1 Die zwei Stücke zusammennähen, wenden und die Lücke mit der Hand zunähen.

2 An jedes Ende einen Ring nähen und in die Haken an der Wand einhängen.

LINKE SEITE: Dieser Vorhang von charmanter Schlichtheit wird mit Bändern gehalten, die über einer einfachen hölzernen Gardinenstange zu Schleifen gebunden wurden.

RECHTS: Die drei knalligen Farben erzeugen eine verblüffend moderne Version dieses klassisch drapierten Volants.

Verzierte Oberkanten

Eine interessante oder ungewöhnliche Gestaltung der Oberkante eines Vorhangs bringt Leben in den Raum. Schlaufen, durchlaufende Kordeln oder Bänder und Schleifen sind sehr dekorativ um einen Vorhang an der Stange zu befestigen. Für etwas eleganter gearbeitete Vorhänge gibt es viele verschiedene Kopfbänder, um den Stoff in unterschiedliche Falten zu legen oder zu raffen.

Raffiniertere Oberkanten machen viel Arbeit, aber das Resultat rechtfertigt die Mühe. Außerdem lassen sich auf diese Weise unansehnliche Vorhangstangen gut verstecken.

OBEN: Übereinanderliegende, rot eingefaßte Zickzackbordüren ergeben einen eleganten Querbehang.

LINKS: Ein konventioneller Querbehang mit Gorbetfalten und schweren Fransen

RECHTS: Flotte Fransen, Zackenlitzenbesatz und Bänder – ideal für einen einfarbigen Vorhang

OBEN: Ein sandgelber Badezimmervorhang bekommt durch Blattgold einen Hauch von Midas und griechischer Antike. Einfacher Musselin (Kattun) wird mit Gardinenclips, die mit Muscheln und Bast verziert wurden, gehalten.

Vorhangschmuck

Interessante Accessoires für den Vorhang geben jedem Dekorationsentwurf das gewisse Etwas. Stangen, Endknäufe, Ringe und andere Aufhängevorrichtungen gibt es in allen möglichen Ausführungen, die meisten sind aus Holz, Metall oder Plastik. Einige sind preiswert, andere ausgesprochen teuer und aufwendig. Man kann viele ungewöhnliche Gegenstände als Accessoires verwenden, um ein bestimmtes Thema, die Funktion des Raumes oder Vorlieben des Bewohners hervorzuheben, etwa mit Vorhangstangen aus Hockeyschlägern, Endknäufen aus künstlichem Obst oder seemännisch geknoteten Seilen als Zurückhalter.

OBEN: Das Licht wird durch diesen Leinenvorhang sanft gefiltert, der geschickt mit Jute eingefaßt wurde. Troddeln aus Bast, mit Knöpfen verziert, wurden an den Saum gehängt.

OBEN: Ein zarter Schmuck: Der helle, geschwungene Vorhang wird von einem leichten Kunststoffball mit einer Oberfläche aus Perlmuttknöpfen zurückgehalten.

LINKS: Mit Schottenschleifen um den Hals marschieren diese kessen kleinen Scotchterrier, die mit einer Zackenschere aus einem doppellagigen Karostoff zugeschnitten und dann zusammengenäht wurden, am Saum des in Falten gelegten Vorhangs entlang.

Kissen

Nichts läßt einen Stuhl oder ein Sofa einladender aussehen als ein Haufen rundlicher, kleiner Kissen, von denen es nie genug geben kann. Die Auswahl an Stilrichtungen ist riesig: maßgeschneidert und mit Kordeln, Fransen, Bordüren oder Troddeln besetzt, aus passendem oder kontrastierendem Stoff. Egal welche Form oder Größe, ob schlicht oder ausgefallen, Kissen sind eine schicke Ergänzung zu jedem Sitzmöbel.

LINKS: Zurückhaltende Farben und schlichte Muster auf verschiedenen Naturgeweben zeigen hier in einer raffinierten Zusammenstellung die Vielfalt von Formen und Verzierungen.

RECHTS: Schlichte Eleganz für einen klassischen Holzstuhl: Kissen aus elfenbeinfarbener Seide und weicher Wolle in gedeckten Tönen

Kissenbezüge mit Knöpfen

Mit Knöpfen lassen sich Kissenbezüge in phantasievoller Weise schließen und verzieren. Sie werden in unendlich verschiedenen Ausführungen hergestellt, von geschnitztem Holz über Glas bis hin zu Metall. Sie sind zudem leichter anzubringen als Reißverschlüsse.

Knöpfe können an den Rändern, quer über der Vorderseite, mit Klappen, mit Knopflöchern oder mit Schlaufen aus Stoff oder Kordel auf den Bezügen angebracht werden. Der Stoff des Bezugs und der Stil des Raumes diktieren die Auswahl.

LINKE SEITE OBEN: Blau-weiß karierte Baumwolle für einen frisch aussehenden Kissenbezug, der an der Seite mit einfachen Holzknöpfen verschlossen wurde

LINKE SEITE UNTEN: Eine Sammlung unterschiedlich gemusterter Kissenbezüge, einer mit Bordüre und Perlmuttknöpfen

RECHTS: Die bezogenen Knöpfe betonen das Design und die Farbkombination dieses edlen Kissens.

Kissenbezüge mit Knöpfen

Knöpfe auf Kissenbezügen können zu einem schönen, interessanten Blickfang werden. Bei diesem edlen Kissen wurde der Verschluß auf die Vorderseite gelegt. Die Knöpfe sind auf das Unterteil genäht und betonen in ihrer Auffälligkeit die gewählte Farbkombination des Bezugs.

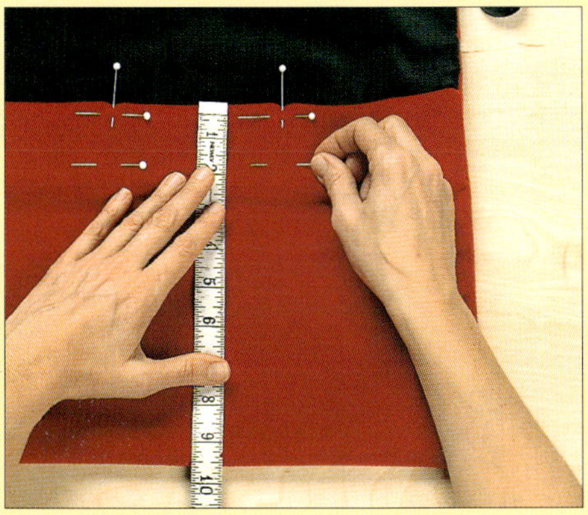

1 Den Knopf als Maß nehmen und Stecknadeln an die Positionen der Knopflöcher auf das überlappende Teil stecken.

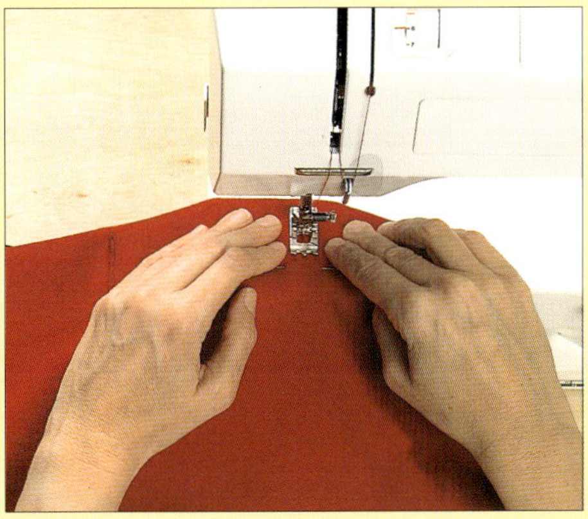

2 Auf das überlappende Stück Stoff die Knopflöcher nähen. Maßgeschneiderte Knopflöcher erhöhen die Qualität.

3 Die Knöpfe mit der Hand auf das Unterteil direkt unter die Knopflöcher nähen.

OBEN: Ein harmonisches Arrangement von Stoffen und Verzierungen, zwar mit unterschiedlichen Strukturen, aber mit Farben, die sich in allen Elementen wiederholen

LINKS: Die kontrastierende Seidenkordel stellt eine optische Verbindung zu der dicken Kordel des Kissens her.

UNTEN: Kissen von schlichter Eleganz, die Ränder durch Kordeln hervorgehoben; daneben ein Kissen mit Stoffumrandung und Seidentroddeln

Verzierte Kissen

Kissen kann man durch attraktive Verzierungen verwandeln. Paspelierte Kanten, Rüschen und breite Stoffbordüren müssen in den Saum des Bezugs eingenäht werden, die meisten Kordeln und Bordüren dagegen werden um den bereits fertigen Bezug genäht.

Das Material für die Dekoration kann zum Bezugsstoff in Kontrast stehen. Kunstvoll gestaltete Kissen mit Stoffen und Kanten aus aufeinander abgestimmten Farben, zusätzlich mit Troddeln und Kordeln verziert, können eine geradezu spektakuläre Wirkung haben.

LINKS: Die »Federn«, mit einer Zackenschere aus buntem Filz ausgeschnitten, sind in den Saum dieses farbenprächtigen Papageienkissens genäht worden.

Anbringen einer Zierkordel

Eine Vielzahl leicht zu verarbeitender Kordeln sind im Handel erhältlich. Wählen Sie eine Kordel, die einige der Farben des Kissenbezugs wiederholt oder mit diesen Farben kontrastiert. Sie muß so lang sein, daß sie den gesamten Bezug umfaßt. Lassen Sie beim Nähen des Bezugs am Rand 2 cm offen.

1 Das eine Ende der Kordel in die Saumöffnung stecken und mit einem starken Faden an die Kante nähen.

2 An der Ecke eine Troddel einfädeln und die Kordel weiter auf den Kissenbezug nähen.

3 An der letzten Ecke eine Troddel anbringen, das Ende der Kordel in die Saumöffnung stecken und zunähen.

Verschiedene Designs

OBEN: Kissen, Bezüge und Farben bilden eine Einheit, obwohl die Muster ganz unterschiedlich sind.

Auch Kissen müssen als Teil eines Dekorationsentwurfs betrachtet werden: Jede Komponente hat seine Funktion, und es sind oft kleinere Gegenstände wie Kissen, die das Thema bestimmen oder unterbrechen. Harmonische Gruppierungen werden durch einen gelungenen Kontrast noch hervorgehoben, genauso können verschiedenartige Elemente durch Übereinstimmungen in Farbe, Struktur oder Form in Einklang gebracht werden.

In einer Vielfalt von Mustern, Farben und Stoffen sollten Kissen besonders sorgfältig ausgewählt werden.

RECHTE SEITE: Das Muster des geflochtenen Glashalters und des Stuhls wiederholt sich in den karierten Bändern, die zu diesem exquisiten Bezug verwoben wurden.

LINKS: Verschieden geformte Kissen in einfarbigem und gemustertem Stoff sehen gut aus, wenn die Farben aufeinander abgestimmt sind.

Ideen für das Design eines Bezugs können alle möglichen Ausgangspunkte haben, wichtige Aspekte sind aber immer gemeinsame Farbgebung, Formen oder Strukturen.

Spaß macht es auch, Vertrautes auf ganz unübliche Weise zu nutzen. Zum Beispiel kann man Kissen in Form von Buchstaben herstellen oder Überzüge mit Haarschleifen schließen. Haushaltsgegenstände in Kissenform, vielleicht ein Toaster oder eine Teekanne, sind auf Polstermöbeln lustig und einfallsreich.

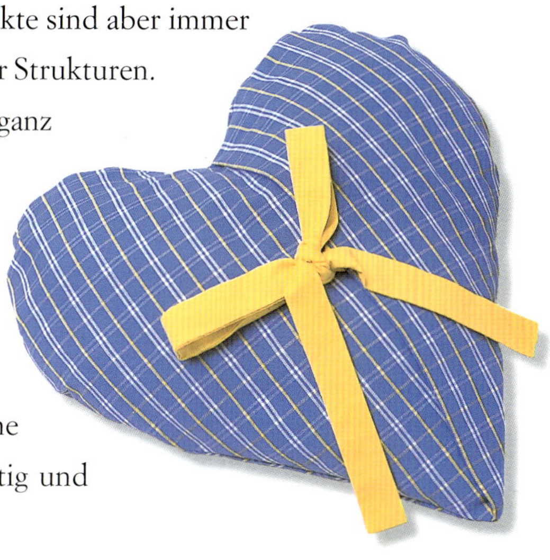

LINKE SEITE: Gestreifte Kissenbezüge in Form von Paketen: Die vier Ecken des »Packpapiers« wurden um ein dickes, buttergelbes Kissen gelegt und mit weichen Schleifen zusammengebunden, eine einfache »Zweckentfremdung« mit hübscher Wirkung.

LINKS: Dieses Herzkissen wurde in einen überlappenden Bezug gesteckt und mit einer passenden Schleife zusammengebunden.

Gebundene Verschlüsse

Zum Verschließen von Bezügen sind Bänder, Kordeln und andere Fertigprodukte im Handel. Man kann sie aber auch selbst aus Stoff herstellen – zum Kissenbezug passend oder im Kontrast dazu. Schmale Rolloschnüre oder flache und runde Bänder wirken elegant. Beide werden aus Schrägstreifen gemacht und wie die anderen Bänder an den Kissenbezug genäht.

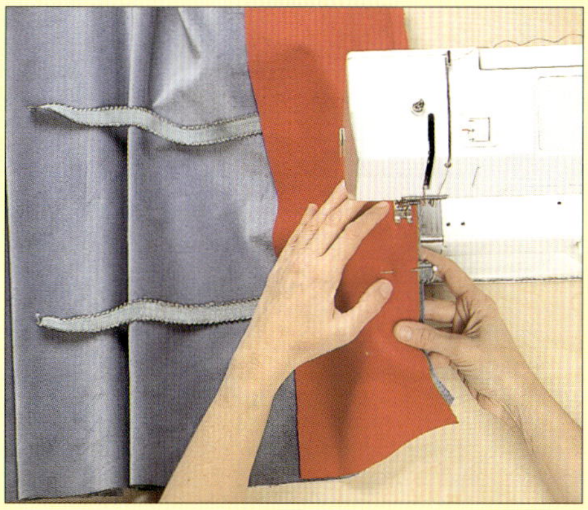

1 Auf der offenen Seite die Bänder zwischen grauem Bezug und rotem Einschlag feststecken. 1,5 cm vom Rand steppen, dabei die Bänder miteinnähen.

2 Den roten Einschlag vom Bezugsstoff und den Bändern weg um die Naht herum aufschlagen und die unbehandelte Seite mit einem Saum von 1 cm versehen.

3 Auf der anderen Kante des grauen Bezugs 1 cm Saum einschlagen und zusammen mit den Bändern annähen.

4 Auf links die gesäumte untere Kante auf die Naht zwischen dem roten und grauen Teil legen, rechts und links steppen.

5 Den Bezug wenden, über das Kissen ziehen, die rote Klappe über dem Kissen einschlagen und die Bänder zubinden.

RECHTS: Traditioneller Spitzenbezug mit aufgestickten Blumen

OBEN: An jedem Ende wurde der Bezug mit einem geraden Stück Stoff verlängert und zusammengefaßt.

OBEN: Eine Rüsche wurde zwischen Bezug und Verlängerung eingenäht und diese mit einem Knopf befestigt.

OBEN: Überlanger Bezug, am Ende wie ein Bonbon durch mit Draht verstärkte Bänder zusammengebunden

Nackenrollen

Die gute alte Nackenrolle ist sehr wandlungsfähig. Die schlichte Form bietet sich für vielerlei Verzierungen an, von einfachen Hüllen mit zusammengebundenen Enden bis zu komplizierteren Überzügen mit Paspeln, Bordüren und Troddeln.

OBEN LINKS: Bei diesem Bezug aus drei Stoffstücken wurde zwischen Enden und Verlängerung eine Paspel eingefügt; der Knopf verbirgt die Stelle, wo der Stoff zusammengefaßt wurde.

LINKS: Dieser auffällig gemusterte Stoff wurde zu einer Röhre zusammengenäht und durch eine goldene Kordel mit Troddeln zusammengebunden.

Stuhlkissen

Einfache Holzstühle, zum Beispiel im Eßzimmer, erhalten passend zu ihrer Umgebung durch Sitzkissen ein elegantes, sachliches oder einfach interessanteres Aussehen.

Sitzkissen können mit Federn oder Fasern wie Kapok oder Polyester gefüllt sein oder in der Form des Stuhlsitzes aus Schaumstoff zugeschnitten werden. Sie können lose auf den Stühlen liegen oder mit Stoffbändern bzw. mit Schlaufen befestigt werden.

RECHTS: Ein schlichter Eßzimmerstuhl aus Holz bekommt durch ein auffälliges, sauber paspeliertes, rundes Kissen in kariertem Stoff Pfiff.

OBEN: Dieser Holzstuhl erhielt ein leichtes Kissen mit einfarbigem, paspelierten Stoffbezug. Die zarte Farbe schmeichelt dem Holz.

RECHTS: Der gleiche Stuhl wirkt durch ein hübsches Kissen mit Blumenmuster und Rüschen sehr einladend.

Kissen für Korbstühle

Bequeme Kissen sind für Korbstühle unentbehrlich, denn die grobe Struktur könnte sich sonst als zu unbequem erweisen.

Korbmöbel sind sehr haltbar und eignen sich für Haus und Garten. Stapeln Sie einfach mehrere kleine Kissen aufeinander oder probieren Sie ein gut passendes rechteckiges Kissen, das auf den natürlichen und neutralen Farben von Korb und Rohr gut aussieht. Sitzkissen können maßgeschneidert und flach, ähnlich einer festen Polsterung, oder dick, weich und voluminös zum Hineinsinken sein.

OBEN: Ein mandarinenfarbiger Leinenbezug für ein gut gestopftes Kissen, die breite, mit Knopflochstich verzierte Borte ist für diesen Korbsessel genau das richtige.

RECHTS: Das dicke, paspelierte Kissen mit dem klassischen grün und goldgelben Druck ist eine wunderbare Ergänzung zu diesem quadratischen Korbsessel.

LINKS UND GANZ LINKS: Zwei großzügige Kissen, eines mit gerader und eines mit umgeschlagener Front. Beide sind gut gepolstert, abgerundet und paspeliert.

RECHTE SEITE: Die warme Farbe des Korbs wird durch das Nest rot-weißer Kissen mit Patchwork, Spitzen und lustigen Sprüchen noch hervorgehoben.

ENCYCLOPEDIA
NEEDLEWORK

LINKS: Kreuzstich-Blumen im Wechsel mit handgearbeiteten Spitzenquadraten, zu einem Schachbrettmuster zusammengefügt, ergeben exquisite, zarte Kissenbezüge.

UNTEN: Gewundene, mit Wolle auf Leinen gestickte zarte Blumen im Jakobiner-Stil erinnern an vergangene Eleganz.

Bestickte Kissenbezüge

Kissenbezüge bieten unübertroffene Möglichkeiten für Stickereien jeder Art: von zartem, weiß besticktem feinem Batist über farbenfrohe Wollstickereien auf Leinen bis hin zu kräftigen, folkloristischen Petit-point-Stickereien.

Dicke Kissen passen hervorragend zu bestickten Stoffen, und die Unebenheit der Oberfläche hebt die Struktur der Stickarbeiten hervor. Perlen, Metallfäden und Applikationen machen Stickereien noch abwechslungsreicher und ergänzen bzw. unterstreichen das Hauptthema der Dekoration. Kissenbezüge zu besticken ist recht aufwendig, aber mit liebevoll eingearbeiteten Sprüchen zum Gedenken an Jubiläen oder als Reiseandenken mit fremdartigen Mustern und Motiven sind sie sehr beliebte, hübsche Geschenke. Außerdem sehen sie edel aus und verleihen der Dekoration einen Hauch von Luxus.

RECHTE SEITE: Stark strukturierte, lebhaft verzierte Kissen, mit komplizierten Wappenmotiven in lebhaften Farben bestickt.

Bezüge und Polster

Professionelles Aufpolstern garantiert zwar sehr luxuriös ausssehende Ergebnisse, erfordert aber spezielle Kenntnisse und ist nicht ganz billig. Dennoch kann man auch bei kleinem Geldbeutel mit etwas Spürsinn und Raffinesse langweilige Möbel durch neue Bezüge verwandeln – mit hübschen Stoffen und einfachen Techniken.

LINKS: Dieser karierte Baumwollüberzug verschönert einen alten Holzstuhl. Die einfarbigen Seitenteile aus Baumwolle werden hinten und vorn geschickt mit Knöpfen gehalten.

RECHTS: Ein kleiner Beistelltisch verschwindet unter einem flotten blau-weiß karierten paspelierten Überzug, der mit passenden geblümten Schleifen aus bedrucktem Stoff zusammengehalten wird.

Einfache Spannbezüge

Wo die Polsterung eines Möbels ein separates, abnehmbares Teil ist, kann ein neuer Bezug mit einfachem Werkzeug leicht angebracht werden.

Der Charakter von Stühlen und Hockern ändert sich völlig, wenn man den Sitz herausnimmt und den Rahmen vielleicht sogar mit interessanten Farben und Techniken überarbeitet. Das Sitzpolster wird frisch bezogen, indem man den neuen Stoff über den alten zieht und auf der Unterseite mit Stiften oder Heftklammern befestigt. Dann wird das Polster wieder in den überarbeiteten Rahmen gelegt – schnell und effektvoll, einfacher geht es nicht.

OBEN: Dieser alte Holzstuhl wurde mit einer aufgebrochenen Lackierung in Giftgrün und Gelb versehen; die Sitzfläche erhielt einen kompromißlos modernen Druck.

LINKS: Der Sitz dieses Hockers, ursprünglich aus geflochtenem Schilf, wurde durch einen ähnlich gewebten Gingan ersetzt und der Rahmen in leuchtendem Blau lackiert.

RECHTE SEITE OBEN: Dieser gepolsterte Fußschemel hat einen Sternenschmuck aus doppellagigem Stoff erhalten. Die untere Lage ist durch die mittleren Kreise der Sterne zu sehen, deren Ränder mit Hilfe der Maschine mit goldenem Satin durch beide Lagen hindurch eingefaßt wurden.

Einen Fußschemel beziehen

Volle Polsterungen (wobei das Polster auf einem Rahmen oder auf Füßen sitzt und manchmal sogar einen Federkern hat) sind einfach zu beziehen. Der Sitz wird vom Rahmen abgenommen, der neue Stoff darübergezogen und auf der Unterseite mit Stiften oder Heftklammern befestigt.

1 *Den Sitz mit der Oberseite nach unten auf den Stoff legen. Den gespannten Stoff daran befestigen.*

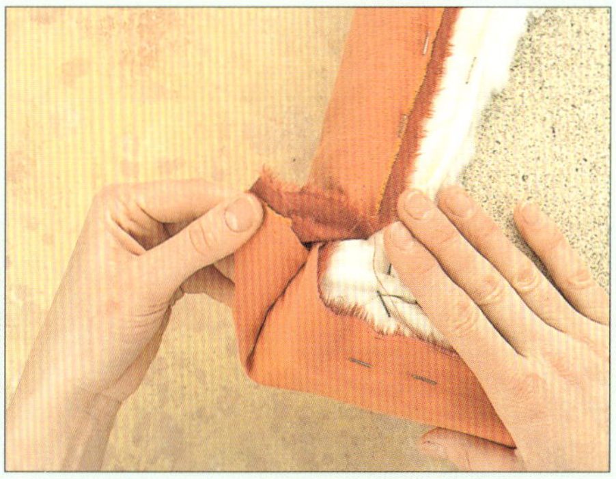

2 *An den Ecken den Stoff in Gehrungswinkel legen und mit Stiften oder Heftklammern befestigen.*

LINKS: Handtuchfrottee in Aquamarin mit einem gewellten, kontrastierenden Saum ergibt einen weichen und bequemen Überzug für diesen Wiener Stuhl im Badezimmer, der so auch zum maritimen Stil paßt.

UNTEN: Mit einfach genähten Stoffschlaufen wird dieser lose Überzug an den Stuhlbeinen gehalten – obendrein sind sie sehr dekorativ.

Schonbezüge

Mit einem hübschen Stoff und wenig Aufwand kann man einen Raum durch einfache Schonbezügen verändern und ihm eine ganz persönliche Note geben. Wirkungsvolle Verkleidungen für alte Holzstühle sind leicht und preiswert herzustellen. Alles, was man für ein beeindruckendes Resultat braucht, ist ein bißchen Phantasie und grundlegende Kenntnisse an der Nähmaschine. Wichtig ist, daß man den Stoff passend zum Raum wählt. Schlichtes Segeltuch oder Leinen eignen sich als eleganter Überzug für einen Bürostuhl oder einen kompletten Satz Eßzimmerstühle; abwaschbare, mit Vinyl überzogene Baumwolle oder farbiges Kunstfell sind lustig für ein Kinderzimmer. Für einen anspruchsvolleren Stil verwendet man dicke, weiche Chenille, zum Beispiel um einen Regiestuhl, der einmal bessere Zeiten gesehen hat, in einen Lehnsessel zu verwandeln.

LINKS: Eine hübsche Verkleidung für einen alten Regiestuhl. Blumendrucke in aufeinander abgestimmten Farben verwandeln diesen Klappstuhl in einen einladenden leichten Sessel.

Schonbezüge für Stühle

Für diesen Überzug wurden drei Stoffteile zugeschnitten, zwei für die Seiten und eines sowohl für die Sitzfläche als auch für die Lehne, hinunter zum Boden. Letzteres wird an Sitzfläche und herunterhängendem Vorderteil an die Seitenteile genäht und an der Lehne mit Schleifen befestigt.

1 Für das Schnittmuster zwei Seitenteile und ein Teil vom Boden an der Vorderseite über Sitz und Lehne hinweg bis zum Boden abmessen.

2 Den Stoff zuschneiden und mit der linken Seite nach oben die Seitenteile an das lange Stück nähen. Die offenen Seiten säumen und bügeln.

3 Den Überzug mit der rechten Seite nach oben über den Stuhl ziehen, die Bänder paarweise entlang der Lehne an den Seiten festnähen und zu Schleifen binden.

Regiestühle

Neben all den Filmen, die dort gedreht wurden, ist Hollywood auch dafür bekannt, einen der großartigsten Stühle aller Zeiten hervorgebracht zu haben – den Regiestuhl. Er ist leicht, transportabel und bemerkenswert bequem. Sitz und Lehne können ohne jegliche Näharbeiten leicht ersetzt werden. Der Stoff ist meistens an den Rahmen genagelt und bietet einen großen Spielraum für Dekorationen.

Für außergewöhnliche Bezüge eignen sich schwere Stoffe in Polsterqualität, wie Samt oder Satin, Chintz, Damast oder Brokat. Meistens wird jedoch natürliches oder synthetisches Segeltuch gewählt. Es ist in einer großen Bandbreite von Farben und Mustern (meistens Streifen) erhältlich, der kräftige Stoff eignet sich aber auch gut für Malereien oder Drucke. Schablonenmuster (nicht zu vergessen der Namenszug des Regisseurs) sind ideal. Zusätzlich kann der Stuhl auch noch durch die Lackierung des Holzrahmens verschönert werden.

RECHTS: Leichtgewichtige, zusammenklappbare Regiestühle sind perfekt für den Garten. Ein auffälliges Schablonenmuster ziert das Segeltuch dieser beiden Stühle, die Rahmen sind als Kontrast in sanftem Blaugrün lackiert.

OBEN: Türkises Segeltuch, bedruckt mit Spaliermuster, Sonnenblumen und Sonnen, ist besonders hübsch für einen Stuhl im Wintergarten.

OBEN: Ein schlichtes, geometrisches Muster, inspiriert von einem farbenfrohen Webteppich, wurde in Rot auf rein weißes Segeltuch gedruckt.

LINKS: Flotte Streifen in Marineblau und Weiß, paspeliert und mit knallroten Schleifen gebunden: Dieses schlichte moderne Kissen paßt ausgezeichnet auf eine alte Eichenbank.

LINKE SEITE: Dieses dicke Sitzkissen mit eingezogenen Knöpfen, überzogen mit kräftigem Webstoff und paspeliert, paßt hervorragend in den mit Sternen übersäten, intimen Alkoven.

Sitzkissen

Maßgeschneiderte Sitzkissen sind die einfachste Form dessen, was man »echte« Polsterung nennen könnte. Zusätzliche, sorgfältig ausgeführte Paspelierungen erzeugen den Eindruck höchster Qualität.

Sitzkissen werden normalerweise für spezielle Möbelstücke angefertigt oder genau in Fensternischen und Alkoven eingepaßt. Ursprünglich wurden sie mit Roßhaar, Wolle oder Kapok gefüllt. Heute greift man häufig auf moderne Materialien zurück, die leicht zugeschnitten werden können und sehr komfortabel sind. Schaumstoff mit hoher Dichte zum Beispiel eignet sich sehr gut für feste, aber elastische Kissen, weicherer Schaumstoff ergibt ähnlich wirkende Kissen, die jedoch nachgiebiger sind.

Sitzkissen haben üblicherweise entweder eine glatte oder mit Knöpfen versehene Oberfläche. Wenn der Überzug abnehmbar sein muß, kann man Stoffbänder oder auch einen Reißverschluß anbringen, den man in einem paspelierten Saum versteckt.

Aufeinander abgestimmte Polster

Um einem dekorierten Raum eine starke Aussagekraft zu verleihen, müssen alle Elemente mehr oder weniger aufeinander abgestimmt sein. Die Balance zwischen Möbel und Polstern, zwischen kühl und warm, ist wesentlich. Vom Boden bis zur Decke, vom Fenster bis zum Herd ist ein Thema erst dann wirklich gelungen, wenn alles harmoniert oder positiv aufeinander bezogen ist.

Durch die Verwendung von Polsterstoffen in blassen Farbtönen und der begrenzten Anzahl von Farben wird ein entspanntes, aber wirkungsvolles Thema erzeugt. Verschiedene Stilrichtungen und Strukturen von Polstern und Schonbezügen, paspelierte und bestickte Kissen werden durch gemeinsame Farben zusammengebracht. Zarte Farbveränderungen bei ähnlichen Tönen geben dem Ganzen einen Reiz, ohne überladen zu wirken. Auf Möbeln verteilte Kissen in verschiedenen Farben sind sehr dekorativ, und andere Accessoires in denselben Schlüsselfarben setzen raffinierte Akzente.

RECHTS: Weiß und Eiscremefarben in zarten Tönen verbinden die verschiedenen Elemente in diesem schönen, hellen Raum. Das Licht fällt durch die eleganten Faltrollos, die lindgrün eingefaßt wurden. Polster- und Kissenbezüge in Erdbeerrosa, Eisblau, Lindgrün, Gelb und Weiß werden durch den Kontrast zu der weiß gestrichenen Backsteinwand etwas abgeschwächt.

EMMA
HOPES
SHOES

Bettwäsche

Weiche Daunendecken, mit Spitzen verzierte Bezüge und Kissen, in Bonbonfarben gestreifte Bettlaken unter Quilt-Decken – Bettwäsche in all ihrer Vielfalt bestimmt den Stil eines Schlafzimmers.

Häufig ist das Bett der größte Gegenstand in einem Schlafzimmer und bietet die Möglichkeit für eindeutige Statements – zweckmäßig, raffiniert oder feudal.

LINKS: Elegante Schlichtheit – ein modernes Himmelbett, eingefaßt und drapiert in Wolken von Weiß, mit einem schön gearbeiteten blau gestreiften Überwurf

RECHTS: Unvergleichlicher Luxus – Bett- und Kissenbezug aus feinem Leinen mit Lochstickereien und gehäkelter Spitzenborte: klassische Bettwäsche für ein traditionelles Schlafzimmer

G.W.D.

Städtische Eleganz

Gedeckte, neutrale Farben und natürliche Textilien schaffen eine Oase gepflegter Ruhe im Trubel des Stadtlebens. Steingrau und Beige mit Weiß oder Creme, feine Stoffkombinationen – die Bettwäsche ist zweckmäßig und strahlt wohltuende Ruhe aus. Die wenigen Farben sind effektvoll in geschlossenen Gruppen eingesetzt, was das geschmeidige, glatte Bettzeug zum Blickfang macht. Stoffe mit unterschiedlicher Struktur oder fast unsichtbarem Muster setzen feine Akzente. Der einfarbige Teppich und die Vorhänge verstärken den Hauch von Eleganz.

OBEN: *Gedämpfte, mondäne Nadelstreifen und Karos, grobes Leinen, grob versponnene Rohseide, Segeltuch, Naturstoffe in blassen Tönen von Holz, Stein und Haferflocken*

LINKS: *Anspruchslos und schlicht: Das weiße Perkal-Laken und die weiche weiße Baumwolldecke heben sich von dem weißen Segeltuch über ungebleichtem Musselin ab.*

LINKE SEITE: *Quadratische schlammfarbene Kissen mit Perlmuttknöpfen dienen als dezenter Kontrast zu der hellen Tagesdecke. Die Farbtöne wiederholen sich in der zweifarbigen Bettverkleidung und der passenden Tischdecke.*

RECHTE SEITE: Ein traditionelles Muster, »Flying Geese« (fliegende Gänse), aus luftiger blau-weißer Baumwolle und scharlachrotem Rand

LINKS UND UNTEN: Große Stücke gekämmter Baumwolle in verschiedenen Karos für einen auffälligen Patchworkbezug. Eine sauber geknöpfte Klappe hält den Bezug geschlossen.

Patchwork-Decken und Quilts

Mit Patchwork, einer traditionellen Handarbeit, lassen sich die hübschesten Tagesdecken herstellen. Der einzigartige Charakter jedes Patchworkgebildes ist die Krönung jedes Schlafzimmers. Es gibt unzählige traditionelle Patchworkmuster, und jedes hat seine eigene Geschichte. Auch die kniffligsten Entwürfe werden durch einfaches Zusammennähen von Stoffstücken hergestellt, manchmal sind es viele Dutzend, manchmal aber auch Hunderte.

Für ein folkloristisches Thema mit großer Wirkung sollte man Tagesdecken, Kissenbezüge oder Bettbezüge in den Farben des Raumdekors herstellen. Am besten wirken sie mit eingeschränkter Farbauswahl, aber mit vielen verschieden gemusterten oder strukturierten Stoffen.

OBEN: Streifen und Karos von alten Hemden, sorgfältig zu einer weichen, dezenten Tagesdecke zusammengefügt

RECHTS: Ein neues Familienerbstück: Die Initialen des Babys und aufgenähte Herzen, eingerahmt von Ginganstreifen, ergeben diese kuschelige Decke, deren Farben für ein altes Kinderbett gut gewählt sind.

RECHTE SEITE: »Windmühlen und Stundengläser«, eine dick gefütterte Tagesdecke in Rot, Weiß und Blau

Meistens werden für Patchworks geometrische und abstrakte Muster verwendet, aber auch Buchstaben und bildhafte Formen eignen sich für einen gelungenen Entwurf. Für einen mehr gestalterischen Entwurf schneidet man Symbole aus und näht sie auf Stoffstücke, die zu einer Grundstruktur zusammengefügt werden.

Patchwork ist eine beliebte Technik für gequiltete Tagesdecken. Beim Quilten wird ein dünner Wattestoff zwischen zwei Stofflagen eingenäht. Die Nähte können einem geraden Schachbrettmuster oder anderen Mustern folgen, zum Beispiel den Grundmustern des Patchworks.

Patchworkdecken können ohne Füllung verwendet werden, man kann die Decke aber auch wie eine Matratze füllen.

LINKS: Orientalische Drucke im Schachbrettmuster, eingefaßt mit Streifen – auf der Unterseite ein handgemaltes Phantasiemuster

Spitzen

Hinsichtlich Eleganz und Schönheit sind Spitzen nicht zu übertreffen. Eine Bettdecke mit schwerer, handgemachter Spitze, auf der hoch aufgetürmt weiche und weiße Spitzenkissen liegen, ist romantisch und verführerisch.

Spitzen werden in unzähligen Mustern und Qualitäten hergestellt, vom hauchdünnen Netz bis hin zu gehäkelten Blumen. Einfache Bettwäsche wirkt mit Rüschen aus Englischer Stickerei oder einer breiten Spitze, die sich quer über den Kissenbezug zieht, ausgesprochen elegant. Andere Techniken wie Lochstickereien, Applikationen und Quilts harmonieren ebenfalls ausgezeichnet mit Spitzen, besonders wenn sie in Weiß auf Weiß passend zum Leinenstoff gearbeitet werden. Spitzen, mit andersfarbigen Stoffen unterlegt oder mit bunter Stickerei und Schleifen verziert, sind sehr wirkungsvoll, denn so scheint das Gewebe noch zarter. Spitzenstoffe sind sehr aussagekräftig, während sie gleichzeitig weiblich und anmutig wirken und einen Hauch von Extravaganz vermitteln.

OBEN: Eine üppige Kollektion weicher Kissen mit Spitzen und Lochstickereien. Kreuzstichstickereien und Schleifen setzen farbenfrohe Akzente.

RECHTE SEITE: Stickereien weiß auf Weiß, Spitzen, Leinen und Netzstoffe bieten einen feinen Kontrast zu alten Bauernmöbeln.

Blumige Bettdecken

Blumen gehören zu den beliebtesten Dekorationsmotiven für jede Inneneinrichtung. In ihrer farbenfrohen Vielfalt sind sie ideal zur Verschönerung von Stoffen.

Die Leichtigkeit und Zartheit von Blumen kann man wunderschön in Stickereien nachempfinden, und besonders Stoffe wie Seide und Leinen eignen sich hervorragend für knifflige Handarbeiten. Gedruckte oder gewebte Blumenmotive sind ebenso attraktiv und können durch Bordüren oder Fransen ergänzt werden. Die Muster für Drucke und Stickereien ändern sich mit der Mode. Ein Raum, der im Stil einer bestimmten Epoche dekoriert wird, muß unbedingt entsprechend möbliert sein. Echtes, zeitgenössisches Bettzeug, wenn es aufgetrieben werden kann, verleiht einer Schlafzimmereinrichtung aus der Zeit Einheitlichkeit, die dann durch andere Materialien in passenden Farben ergänzt werden darf.

RECHTS: Ein Himmelbett mit bemerkenswert schönen Schnitzarbeiten – der Baldachin ist mit Gedichten geschmückt. Hierzu paßt die exquisit bestickte Bettdecke mit Rosen, Mohn und Weißdorn zwischen Liebesknoten.

LINKS: Dieser hübsche, stilisierte Blumendruck bringt frischen, ländlichen Charme in den hellen, freundlichen Raum. Die Blumenstiele des Musters wiederholen die schwungvollen Kurven des schmiedeeisernen, viktorianischen Bettgestells.

Fransen anbringen

Dekorative Fransen verleihen einem Bettüberwurf mehr Charme und geben dem Saum mehr Gewicht, so daß die Decke besser fällt. Bei einer Wendedecke können die Fransen so angebracht werden, daß sie nur auf einer Seite zu sehen sind und auf der anderen Seite vom Saum verdeckt werden.

1 Die Fransen so an die Stoffkanten stecken, daß sie den Stoff ein wenig überragen. Die Fransen an der Stoffkante festnähen.

2 Die Fransen auf die andere Seite drehen, dabei umschlagen und die Stoffkante feststecken. Die Ecken besonders sorgfältig umschlagen.

3 Die Fransen auch auf dieser Seite festnähen. So können Sie beide Seiten der Decke benutzen; der Fransenansatz ist entweder zu sehen oder verdeckt.

Bezüge für Daunendecken

OBEN: Die zarten Blätter auf der Tapete wiederholen sich en miniature auf einem gelb eingefaßten Bezug, die Wendeseite in leuchtenden Karos.

Daunendecken sind äußerst beliebt geworden. Sie sind weniger umständlich als bezogene Decken, dafür warm, bequem und praktisch. Passende Bezüge für Daunendecken kann man leicht selbst herstellen. Ein Daunendeckenbezug mit zwei verschiedenen Steiten ist nicht schwieriger zu nähen als ein einfacher Bettbezug, verdoppelt aber den dekorativen Effekt. Die Wahl der Stoffqualität liegt bei Ihnen.

Die Bezüge für Decken und Kopfkissen bieten ungeahnte Möglichkeiten hinsichtlich der Farben und Muster. Interessante Verschlüsse bringen noch zusätzliche Abwechslung hinein. Wenn man Stoffe mit aufeinander abgestimmten Mustern verwendet, wandelt sich die Stimmung je nach Lage der Decke: zum Beispiel ein lebhafter, flächendeckender Blumendruck auf der einen Seite und ruhige, breite Streifen in denselben Farben auf der anderen. Auch verschiedene Stoffqualitäten können verarbeitet werden, etwa eine Seite des Bezuges aus glattem und kühlem Baumwollstoff und die andere Seite aus locker gekämmter, kuscheliger Baumwolle.

LINKE SEITE: Lustige rote Karos mit ruhigem Weiß zu dunkelblau gestreiften Kissenbezügen und einfarbig blauem Bettlaken

Selbstgemachte Bezüge für Daunendecken

Daunendeckenbezüge sind einfach zu nähen.

Grundsätzlich ist ein Bezug nur ein großer Sack mit einer zu verschließenden Klappe. Verschiedene Verschlüsse – Bänder, Klips, Schnallen, Knöpfe, Haken und Ösen – haben jeder für sich einen dekorative Effekt.

1 *Zwei Stoffstücke zuschneiden. Eine der kurzen Seiten mit Saum versehen, an den übrigen Seiten zusammennähen.*

2 *Paarweise Bänder, Haken oder Ösen auf beiden Seiten der offenen Seite befestigen.*

RECHTS: Gestickte Teddybären auf einer flauschigen blauen Babydecke, gefüttert und mit zartem, geblümtem Baumwolldruck umrandet

Babybettwäsche

Für Babys Bettwäsche herzustellen oder anzupassen, macht Spaß. Die Techniken sind dieselben wie für Bettwäsche in normaler Größe, aber hier darf alles klein und niedlich sein.

Natürlich ist es wichtig, Stoffe von guter Qualität zu verwenden, die leicht zu waschen sind. Feine Baumwolle ist ideal, Frottee, waschbare Wolle, Mischungen aus Baumwolle und Synthetik und auch Acrylgewebe sind sinnvoll, wobei man hier auf Weichheit und Haltbarkeit achten sollte.

Einfarbige Bettwäsche kann recht einfach mit kleinen Stickereien, Applikationen und mit gedruckten oder aufgemalten Motiven verwandelt werden. Zarte, klare Muster oder Einzelmotive sehen auf den kleinen Decken und Bezügen für Babys am besten aus; in Bettwäsche mit auffälligen, großen Motiven müssen sie erst hineinwachsen.

LINKS: Auf diesen Kissenbezügen schwimmen kleine lustige Fische, die mit Stoffarbe und Stempeln aus Hartpappe aufgedruckt wurden.

Selbstgemachte Babydecke

Um eine Quilt-Decke für das Kinderbett herzustellen, können Sie mit der gleichen Technik wie für große Decken arbeiten. Stoffe und die Wattierung müssen waschbar sein. Für kleine Decken sind kleine, sich wiederholende Muster und Verzierungen am besten geeignet.

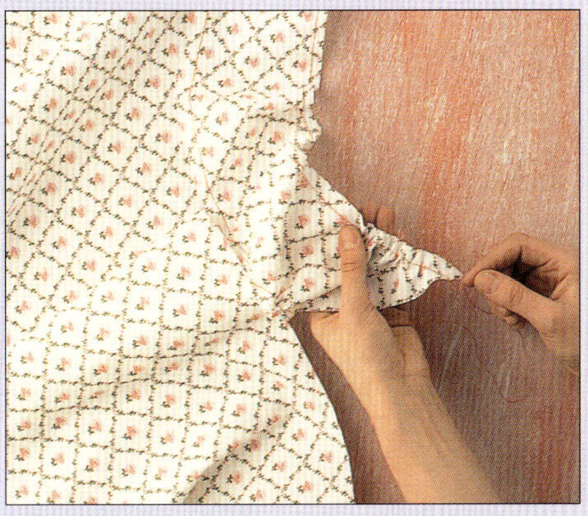

1 Zwei Stoffquadrate (50 x 50 cm); 8 Stoffstücke (10 x 100 cm); Ecken im 45°-Winkel, nähen und zusammenziehen.

2 Die vier Borten an die Kanten (rechte Seiten zusammen) heften. Die Ecken nähen, zusammenziehen und absteppen.

3 Zwei Stück Wattierung in der Größe des Bezugs zuschneiden, auf die Rückseite Quadrate steppen, Borte aussparen.

4 Die Wattierung auf links mit dem Bezug zusammennähen, anschließend die rechte Seite nach außen wenden.

5 Mit der Hand die Lücke zum Wenden schließen, kleine Bänder durch alle Lagen ziehen und zu Schleifen binden.

Schlafzimmer mit Thema

Jede Kultur hat ihre Charakteristika und ihren eigenen Stil, da die jeweiligen Klimaverhältnisse und Lebensweisen die Auswahl sowohl von Farben als auch Textilien beeinflussen. Dies führt zu einer Vielfalt von einzigartigen Stilrichtungen.

Heutzutage findet man eine Vielzahl von aus fernen Ländern importierten, andersartig gefärbten Stoffen und Möbeln: schimmernde Seide aus den Tropen, feine Felle in metallischen Tönen von nordischen Küsten oder farbenfrohe Schätze von orientalischen und afrikanischen Basaren.

Die Fremdartigkeit als Grundlage für ein Dekorationsthema zu benutzen bringt Exotik in Ihr Schlafzimmer. Sie können auf diese Weise entweder aufregende Akzente in einen bereits ausgebildeten Stil bringen oder auf dieser Grundlage einen bestimmten Stil schaffen.

LINKS UND OBEN: Diese lebendigen Stoffdrucke in erdigen Farben geben eine Kostprobe orientalischen Geschmacks.

LINKE SEITE: Dieses Bettgestell beweist elegante Schlichtheit und solide Handwerkskunst.

Tischdecken

Der Anblick eines mit schöner Tischdecke, glänzendem Silber und Glas gedeckten Tisches gehört zur Vorfreude auf ein festliches Mahl. Die Tischdecke trägt zur Freude am Essen bei und kann je nach Gelegenheit ausgewählt werden: von fröhlichen, bunten Tischdecken und Servietten für ein Picknick im Freien bis hin zu einem ausgeklügelten Arrangement für ein Festessen. Ein schön gedeckter Tisch verspricht ein gutes Essen.

LINKS: Eine alte bestickte Tischdecke für eine schöngeistige Tafelrunde, mit Tischläufer aus grobem Leinen, mit Rosen geschmückten Büchern und Servietten mit versiegelten Schriftrollen

RECHTS: Ein Seidenripsband, elegant durch einen Silberring gezogen – eine besonders stilvolle Dekoration für eine makellose Damastserviette

LINKS: Ein Frühstücksbüffet auf heiterem blauen Gingan mit Eiern, Brot und Marmeladen, frischen Blumen, blau umrandetem Service und Zeitungen am Kopfende

UNTEN: Eine reizende, bestickte Decke mit Spitzenbordüre hängt aus dem Korb mit frischem Teegebäck und hält es im Garten warm, eine Wochenendbelohnung nach einer arbeitsreichen Woche.

Zeit zum Frühstücken

Mit einem guten Frühstück an einem Tisch mit leuchtendem Geschirr und fröhlicher Tischdecke fängt man den Tag richtig an. Auch wenn das Frühstück von manchen Leuten aus Zeitgründen vernachlässigt wird, ist die Zeit, die man sich morgens dafür nimmt, nicht vergeudet. Ein Tisch, gedeckt mit nüchternem Leinen, heißem Kaffee und einem Korb frischer Brötchen, warmem Brot oder Croissants ist unwiderstehlich.

Mit einer Tageszeitung wird das Frühstück am Wochenende zu einer schönen Freizeitbeschäftigung. Hübsche, geblümte Tischdecken und Servietten, feines Porzellan, frisches Obst und Gebäck sorgen für eine entspannte Atmosphäre.

OBEN: Frühstückstee in exquisitem Geschirr, auf einer zart bestickten Spitzendecke serviert

RECHTS: Dieses Baumwolltischtuch mit kräftigem blau-weißem Druck und der gehäkelten Spitzendecke paßt zu einem Frühstück zu zweit an einem sonnigen Sommermorgen.

Selbstgemachte Tischdecken

Bodenlange, runde Tischdecken sehen festlich aus und sind leicht anzufertigen. Den Durchmesser der Tischdecke mißt man quer über den Tisch von Boden zu Boden. Ein quadratisches Stück Stoff, wenn nötig mehrteilig, mit diesen Maßen in Viertel falten. Mit einem Seilzirkel markieren und säumen.

1 *Den Stoff in Viertel falten, dann mit dem Seilzirkel einen Viertelkreis von Ecke zu Ecke einzeichnen.*

2 *Stofflagen entlang des Bogens zuschneiden. Den Kreis mit einem 1 cm breiten Doppelsaum versehen.*

Besondere Gelegenheiten

Beim Dekorieren eines Tisches für besondere Gelegenheiten kann man seine Phantasie spielen lassen. Ein schön gedeckter Tisch ist immer ein Blickfang.

Lange Tische mit weißen Tischdecken, wie auf Hochzeiten üblich, bekommen durch ein Zierband aus gemustertem Stoff, das am Tischrand festgesteckt wird, eine besondere Note, ebenso durch verschwenderisch quer über den Tisch gelegtes Musselin, das noch durch Blumen oder andere Dekorationen betont wird – je nach Anlaß.

Wer keine Tischdecken nehmen möchte, kann Servietten, Sets und andere Accessoires aus besonderen Stoffen herstellen: zum Beispiel Spitze für das Weihnachtsessen oder Jute, Leinen und Bast für das Erntedankfest.

OBEN: Diese hübsche Damastdecke mit Bordüre wurde für eine goldene Hochzeit gewählt. Die Wirkung des schweren, elfenbeinfarbenen Stoffes wird durch die glänzende, goldene Bogenbordüre aus Seide unterstrichen. Der goldene Schimmer wiederholt sich im Besteck und in den Kerzenhaltern.

LINKS: Eine wunderschön gearbeitete Stickerei – für ganz besondere Gelegenheiten: weiße Lochstickerei und bunte Schmetterlinge. Diese Decke ist ein einmaliges Geschenk, das einen festlich gedeckten Tisch schmückt.

Selbstgemachte Tischdecke mit Bogenrand

Die Bögen werden mit Hilfe einer kleinen Schale oder eines Glases auf doppelten Streifen goldener Rohseide gezeichnet, am Anfang und am Ende je einen Zweidrittelkreis vorsehen. An den geraden Seite jedes Streifens auf links einen 2 cm breiten Saum bügeln. Dann wird die Borte an ein quadratisches oder rechteckiges Stück Stoff genäht.

1 Mit kleinen Stichen entlang der Bögen die Streifen zusammennähen, restlichen Stoff mit 4 mm Zugabe abschneiden.

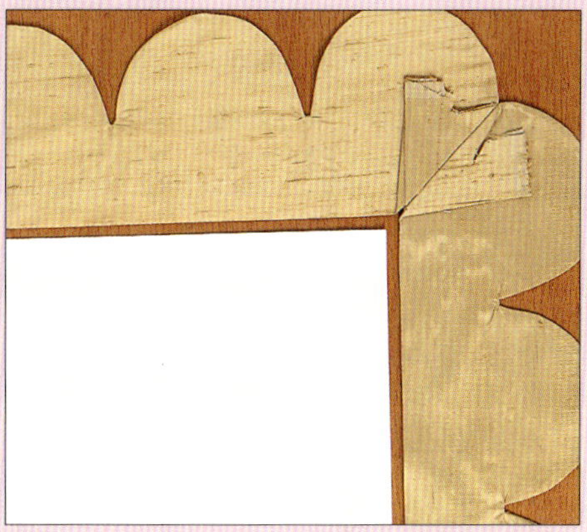

2 Die rechte Seite nach außen drehen, bügeln, im 90°-Winkel aneinanderlegen, die Ecken wie oben falten und bügeln.

3 Den Saum an den Ecken säubern, die Schnittkanten einschlagen und beide Seiten mit der Hand vernähen.

4 Den Damast zuschneiden (1,5 cm Saumzuschlag). Die Borte auf rechts an den Damast stecken.

5 Heften und die inneren Kanten durch alle Lagen zusammennähen und von der linken Seite bügeln.

Deckchen für kleine Tische

Eine eindrucksvolle Tischdecke macht einen kleinen Tisch zum Blickfang und erhöht die Wirkung von Blumen oder Sammlungen zur Schau gestellter Schätze. Kleine Tische mit hübschem gedrechseltem oder geschnitztem Fuß sehen mit kurzen Decken, vielleicht sogar Bordüren oder Fransen, die die Aufmerksamkeit auf die Form des Fußes lenken, besonders hübsch aus. Damit die Tischdecke überall gleich lang überhängt, muß sie die Form der Tischplatte haben.

Einfache, billige Tische können leicht aus Hartfaserplatten oder Sperrholz selbst hergestellt werden und sehen mit bodenlangen Tischdecken wunderschön aus.

Ob lang oder kurz, jede Tischdecke kann schnell und unaufwendig ein neues Aussehen erhalten. Kleinere Tischdecken in kontrastierenden Formen, Stoffen oder Farben, die über längere gelegt werden, sind zum Beispiel sehr reizvoll.

OBEN: Kühne Bauernkaros in Scharlachrot und Weiß betonen den hervorragend gedrechselten Dreifuß aus Mahagoni.

UNTEN: Eine großzügige, runde Tischdecke verwandelt diesen Tisch zu einer eleganten Ausstellungsfläche.

LINKS: Eine runde, bedruckte Tischdecke mit passender Borte bringt die Eleganz des schlichten Möbels ausgezeichnet zur Geltung.

RECHTE SEITE: Die mit einem Muster aus der Provence bedruckte Tischdecke liegt gefällig auf einer bodenlangen dunklen Baumwolldecke.

Essen im Freien

Was gutes Wetter noch schöner macht, ist die Gelegenheit, im Freien zu essen. Ob improvisierte Picknicks oder Grillfeste im Garten, es gibt kaum etwas, was man mit einem guten Essen an der frischen Luft vergleichen kann.

Obwohl die meisten Mahlzeiten im Freien eher legeren Charakter haben, bringen Tischdecken einen angenehmen Hauch von Luxus mit sich, vielleicht sogar etwas Förmlichkeit. Fröhliche, schlichte Baumwolle, Gingans und Madraskaros sind für zwanglose Mahlzeiten im Freien sehr hübsch; gutes Leinen, schlicht oder verziert, wirkt etwas gesetzter. Damit die Tischdecken nicht weggeweht werden, beschwert man die Ecken mit Vorhanggewichten.

Ein Buffet für eine große Sommerparty oder auch für ein halb offizielles Essen kann bei schönem Wetter draußen stehen, und der Tisch kann genauso schön hergerichtet werden wie bei jeder anderen festlichen Gelegenheit im Haus.

LINKE SEITE: Ein eindrucksvoller Tischläufer aus blauem und weißem Segeltuch über rein weißem Leinen mit gestreiften und geknöpften Kissen im selben Ton für ein Geschäftsessen im Freien.

OBEN: Hartgekochte Eier in einer hübschen Leinenserviette mit einer Verzierung aus Kreuzstichstickerei

LINKS: Eine farbenfrohe, locker geknotete Serviette aus Baumwolle für ein Grillfest

Im Freien sehen Tischdecken in leuchtenden Farben, mit kühnen Mustern und einfach gesäumt ohne auffällige Bordüren am besten aus, schmalere Tischläufer runden das Bild ab. Die Farbgebung und das Thema könnten sich an die Natur oder an andere Dinge im Freien anlehnen, zum Beispiel Blumen, Obst und Gemüse, die sanften Farben von Muscheln und Schalentieren für den Strand oder die grellen, leuchtenden Farben eines Karussells auf dem Rummelplatz.

Servietten sind ein wesentlicher Bestandteil. Sogar wenn keine Tischdecke verwendet wird, schmücken sie den Tisch und runden seine Erscheinung ab. Für einen zarteren Look, zum Beispiel für die Teestunde auf der Terrasse, eignen sich weiße, hübsch eingefaßte oder bestickte Leinentischtücher, die einen Hauch altmodischer Vornehmheit und Bedächtigkeit vermitteln.

OBEN: Eine Tischdecke und passende, anders gemusterte Servietten in den kräftigen Farben reifer, saftiger Pfirsiche und Nektarinen für ein Sommerfest

LINKS: Dieses spätsommerliche Kreuzstichmotiv auf einem hübschen, kleinen Läufer paßt wunderbar auf ein Tablett, auf dem Sie im Garten Tee servieren.

Selbstgemachte einfache Servietten

Servietten, Sets, Tischdecken und Tischläufer können leicht selbst genäht werden. Fast jeder Stoff eignet sich, aber gewebtes Leinen und einfache Baumwolle von guter Qualität sind ideal. Schneiden Sie den Stoff in der gewünschten Größe zu. Die Ecken können sich entweder überlappen oder in einem Winkel von 45° stehen.

1 Servietten mit überlappenden Ecken: Einen schmalen Doppelsaum einschlagen, feststecken, nähen; an den Ecken die Nadeln zuächst im Stoff lassen.

2 Servietten mit eingeschlagenen Ecken: Einen breiten Doppelsaum einplanen. Ecken im 45°-Winkel einschlagen, und zusammennähen.

3 Die Ecken wenden, eindrehen und bügeln, den Saum einschlagen und bügeln, dann den Saum auf der rechten Seite absteppen.

Material-übersicht

Es ist sinnvoll, sich zuerst einen Überblick über das benötigte Material für Ihr Vorhaben zu verschaffen, um dann die richtige Wahl treffen zu können. Auf den folgenden Seiten finden Sie eine Auswahl von Stoffen und Füllungen, Endknäufen und Zubehör für Vorhänge als Orientierung für den Kauf des richtigen Materials. Entdecken Sie, ausgehend von diesem Verzeichnis, ganz ungeahnte Einrichtungsmöglichkeiten.

LINKS: Eine kleine Zusammenstellung von Utensilien aus der Schatzkiste der Inneneinrichtung: Seide, Garn, Knöpfe, Leinenstoffe, Schere, Fingerhut, Maßband. Gute Hilfsmittel bringen gute Ergebnisse.

RECHTS: Die investierte Zeit für sorgfältiges Messen und Markieren zahlt sich aus. Auf Lineal, Stifte und Schneiderkreide kann man nicht verzichten.

Stoffglossar

Unabhängig von Farbe und Muster werden Stoffe in einer riesigen Vielfalt von Strukturen hergestellt. Die hier gezeigten Muster sind nur eine kleine, nach Themen zusammengestellte Auswahl: Gewebestrukturen als Grundlage für die Inneneinrichtung, Stoffe mit bedruckten Mustern, schwere, luxuriöse Velours, neutrale, unterschiedlich gewebte Stoffe aus verschiedenen Fasern, gewebte karierte oder gemusterte Stoffe und die Vielfalt reizvoller Strukturen.

Obwohl Stoffe gewöhnlich für einen bestimmten Zweck entworfen werden, können sie mit etwas Erfindungsgeist auch zweckentfremdet werden. Interessante Kontraste und Effekte erhält man durch die Kombination unterschiedlicher Qualitäten. Einen Blick für Farben, Strukturen und Gewebe zu bekommen ist für eine abgestimmte Einrichtung sehr hilfreich.

1

2

3

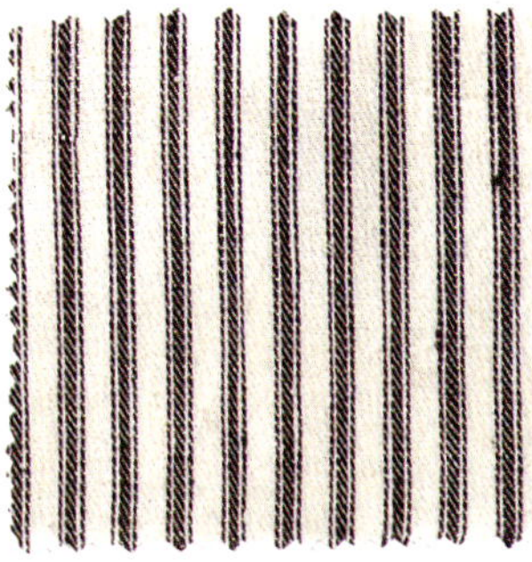
4

1 *Einfaches, baumwollenes Vorhangfutter* **2** *Zwischenfutter, dicke Baumwolle für Vorhangisolation und Hauptteil*
3 *Ungebleichtes Musselin (Kattun): haltbar, für Polsterungen*
4 *Schwarzweiß gestreifter Bezugsstoff für Kissen und Polster*

5

6

7

8

5 *Baumwolldrucke in unendlicher Vielfalt* **6** *Bedrucktes Leinen: kräftig, glatt, hervorragend für Schonbezüge und Vorhänge* **7** *Chintz: minuziöse Drucke, manchmal matt glänzend* **8** *Paisley: traditionell bedruckte Wolle oder Baumwolle*

9

10

11

12

9 *Bedruckter Samt: schwerer Velours* **10** *Seidendamast: gewebte hervortretende Muster, glatter Untergrund, seidiger Glanz* **11** *Chenilledamast: weiche, flauschig, hervortretende Muster* **12** *Gestreifter Samt: erhöhte Velourstreifen*

13

14

17

18

15

16

19

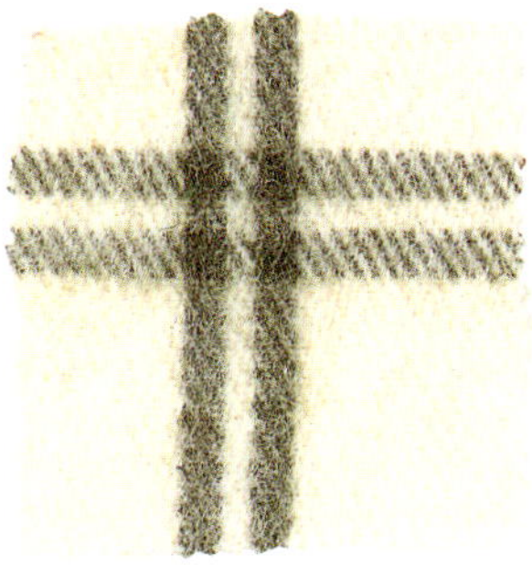
20

13 *Wollkaros: weicher Twill* **14** *Naturleinen: kräftig, regelmäßig, fällt sehr gut, für Vorhänge und Polster*
15 *Fischgrätenbaumwolle: auffällig gewebt, haltbar, dick, für Vorhänge* **16** *Französischer Polsterstoff: dicht gewebt*

17 *Baumwollkaros: handfest, vielseitig* **18** *Karierte Seide: luxuriös, glänzende Farben, grob gewebtes Gitter*
19 *Wolle mit Schottenkaros: glatt, farbenfroh, warm, fällt gut*
20 *Weiche Wolldecke: lose gewebt und kuschelig*

21

22

25

26

23

24

27

28

21 *Baumwoll-Leinen-Gemisch: für Stoffrollos, Polsterungen*
22 *Wolldamast: weich, schwer, schützt vor Kälte, für Vorhänge*
23 *Gobelin: reiche Muster, schwer, strukturiert, für Vorhänge und Überzüge* **24** *Schweres Baumwollgewebe, doppelseitig*

25 *Seidentaft: glänzend, zweifarbig* **26** *Baumwolle mit Gitter: reine Baumwolle, das Gitter vermittelt Leichtigkeit*
27 *Bedruckter, leichter Musselin: fein, durchsichtig, der Druck bringt Struktur* **28** *Jute: grob, kräftig, charaktervoll*

Vorhangstangen und Endknäufe

Vorhänge zum Auf- und Zuziehen werden häufig mit Hilfe eines Kopfbandes in Falten gezogen oder gekräuselt. Die Vorhangstangen werden gewöhnlich vom Kopfband des Vorhangs, einer Schabracke oder einem Volant verdeckt, während die Endknäufe zu sehen sind und daher hübsch gestaltet werden. Man kann Vorhänge aber auch mit einem Durchzug versehen und damit in Falten ziehen.

Im Handel gibt es eine große Auswahl von Stangen, Ringen und Wandhaltern aus Holz, Metall und Kunststoff. Die meisten Stangen kauft man mit fertigen Endknäufen, aber mit eigenen Ideen und ungewöhnlichen Gegenständen kann man einen individuellen Stil kreieren.

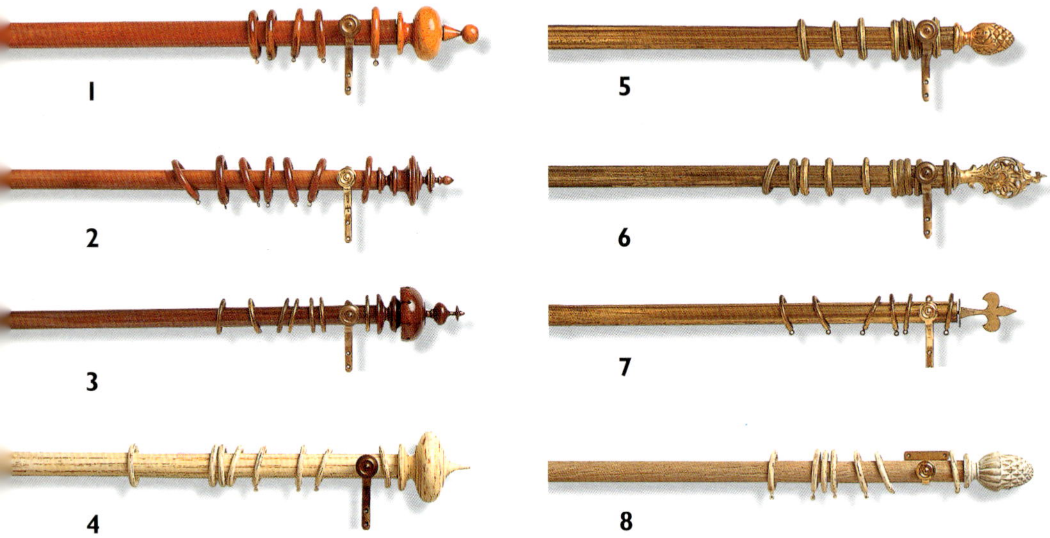

LINKS: **1** *Gedrechselte Endknäufe für eine Holzstange* **2** *Alte Stange mit Accessoires* **3** *Schweres, dunkel poliertes Holz* **4** *Aufgebrochene Farbe für eine Holzstange* **5** *Kanellierte Messingstange, passende Ringe und Endknopf in Form einer Ananas* **6** *Verschnörkelter Endknopf für eine hübsche alte Stange* **7** *Schwertlilie und Stange aus Messing* **8** *Solide Stange mit Endknopf*

LINKS: Ein gut aussehender, in den Fensterrahmen geschraubter Wandhalter aus Messing für eine einfache Holzstange mit gedrechselten Endknäufen – der Vorhang kann so aufgehängt werden, daß Stange und Ringe sichtbar bleiben.

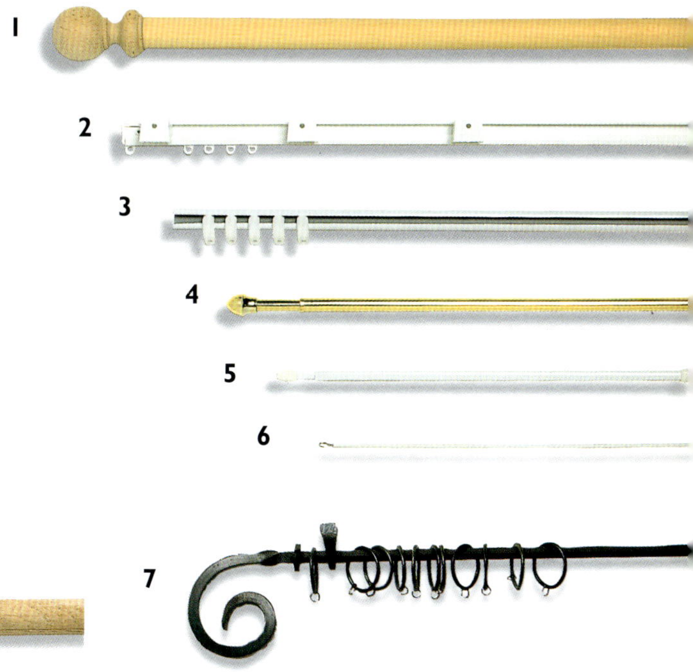

RECHTS: Die Endknäufe entsprechen gewöhnlich in Größe und Material der Vorhangstange. Manchmal paßt eine dünne Stange zu einem großen Endknopf.

OBEN: Vier Endknäufe: vergoldetes Holz, traditionelles, verschnörkeltes Messing und modernes Chrom

RECHTS: Ein Endknauf für eine Vorhangstange aus Holz, gedrechselt und geschnitzt, mit abgewetzter goldener Oberfläche

OBEN: **1** *Unbehandelte Holzstange* **2** *Vorhangschiene aus Kunststoff mit Gleitösen* **3** *Metallstange mit Nylongleitern* **4** *Metallstange für eine Kaffeehausgardine* **5** *Ausziehbarer Gardinenspanner* **6** *Kunststoffbezogenes Spannseil für Gardinen* **7** *Schmiedeeiserne Vorhangstange mit Spirale an den Enden*

Vorhangschienen

Im Handel ist eine Vielzahl von Vorhangschienen, die für spezielle Gleiter und verschiedene Kopfbänder entwickelt wurden, erhältlich. Die Schiene wird in Wandhalter gesteckt, die über dem Fenster in die Wand geschraubt werden. Plastikgleiter, in die die Vorhanghaken eingehängt werden, laufen innerhalb der Schiene.

Einige Schienen sind mit dekorativen Mustern versehen, andere wiederum sind schlicht und profitieren von einer Schabracke oder einem Volant.

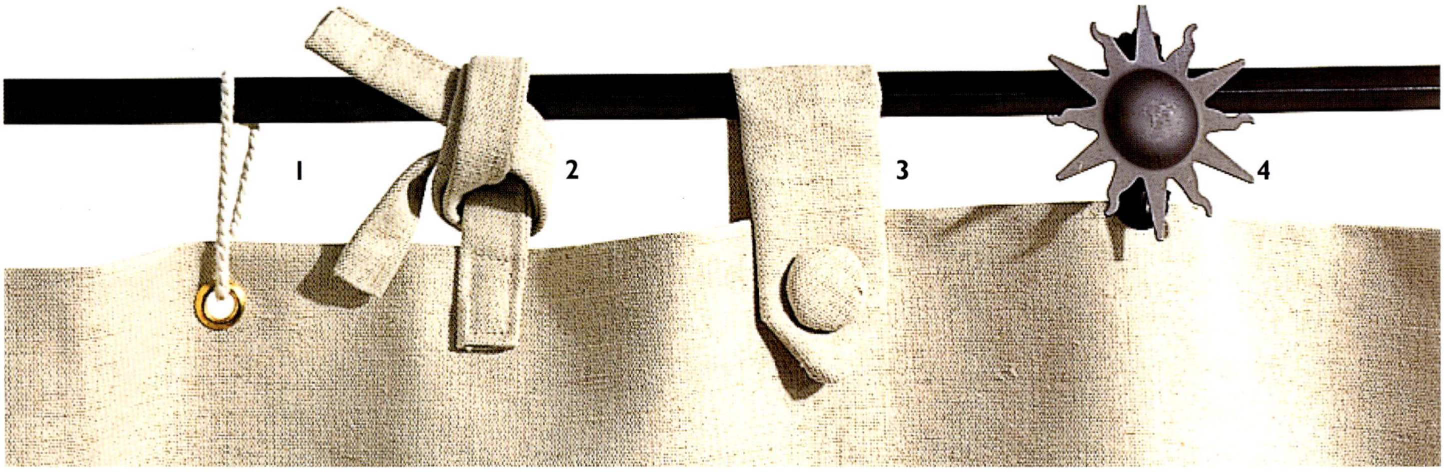

Vorhangringe und Aufhänger

Von einfach genähten Taschen für die Vorhangstange bis hin zu Kopfbändern für üppige Falten, alle Kopfbänder und Aufhänger dienen dazu, den Vorhang an der Stange zu halten. Das kann unterschiedlich erreicht werden und bietet viele Dekorationsmöglichkeiten.

Kopfbänder, mit denen man den Vorhang kräuselt oder in Falten legt, bestimmen die nötige Stoffmenge. Neben angebrachten Aufhängern kann der Vorhangstoff auch so genäht werden, daß er integrierte »Haken« erhält, vor allem, wenn er nicht so häufig auf- und zugezogen werden muß.

OBEN: Aufhänger für feststehende Vorhänge: **1** *Kordel durch eine Öse gezogen* **2** *Schleifen aus Stoff oder Bändern an den Vorhang genäht* **3** *Schlaufe mit dekorativem Knopf um die Stange gelegt* **4** *Gardinenclip mit einer Sonne verziert*

RECHTS: **1** *Einfach genähte Tasche (Schlitz) für gerade hängende Vorhänge*
2 *Kelchfalten: für Vorhänge aus schwerem Stoff*
3 *Zusammenziehbares Kopfband: vielseitig einsetzbar*
4 *Schachtelfalten: elegant, hier mit Klammern*

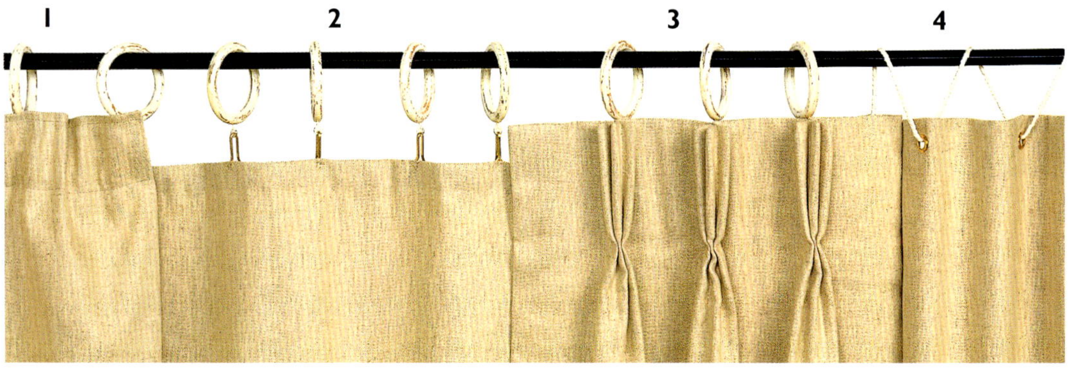

LINKS: **1** *Bleistiftfalten: flexibler Stil* **2** *Handgenähte Haken: einfach, glatt, mit sichtbaren Haken* **3** *Kirsorfalte: formelle dreifache Falten für lange Vorhänge*
4 *Ösen: in den Stoff gestanzte Messingösen mit Kordeln, zwanglos und modisch*

OBEN: *Orientalischer Touch – schwarze Eisenstange und Ringe für einen auffälligen exotischen Druck*

OBEN: *Die großzügig zugeschnittenen Schlaufen in passenden Streifen gleiten leicht über die dünne Stange.*

OBEN: *Farbiges Band, auf die Vorderseite des Vorhangs genäht, zusammengezogen und mit Schleifen gehalten*

OBEN: *Muscheln, Bast und Ringklammern für eine schlichte, mit Blattgold überzogene Stange*

OBEN: *Dieser Kaffeehausvorhang hängt mit den angenähten Messingringen an einer dünnen Messingstange.*

OBEN: *Gestreifter, doppelter Vorhang, Vorderseite und Futter hängen getrennt von der Tasche hinunter.*

OBEN: *Glatte Vorhangstangen und genug Raum zum Gleiten in der Tasche sichern leichtes Auf- und Zuziehen.*

OBEN: *Miteinander verbundene karierte Streifen in Form von Zaunpfählen, mit Ösen auf eine Schnur aufgereiht*

OBEN: *Genial und einfach: Eine goldene Sonne hält die Stange für einen Vorhang mit einfach genähter Tasche.*

Zurückhalter und Troddeln

Luxuriöse Zurückhalter oder schwere Troddeln geben schön genähten Vorhängen den letzten Schliff. Troddeln sind leicht selbst herzustellen, indem man um einen doppeltgelegten Strang Stickgarn eine Schlaufe bindet und die Enden begradigt. Für Zurückhalter, falls der Vorhang zusammengefaßt werden kann, eignet sich fast alles, von geknoteten Seilen bis hin zu Teilen eines Pferdegeschirrs.

OBEN: Fertig gekaufte, aufwendige Zurückhalter – gerippte Seidentroddeln mit gewebten Mustern verziert

LINKS: Selbstgemachte Troddeln: Farbiges Stickgarn um ein Stück Pappe wickeln, zusammenbinden und begradigen.

OBEN: Troddeln und zweifarbige Kordeln aus Seide

Traditionelle Zurückhalter

OBEN: Geflochtene Juteschnüre – elegant

OBEN: Seide und Baumwolle, eine klassische Troddel

OBEN: Eine hübsche zweifarbige Troddel

OBEN: Robuste Troddel aus Naturgarn mit schwerer Krone

Alternative Zurückhalter

OBEN: *Ein Gobelin-Band rafft diesen Vorhang.*

OBEN: *Ein schlanker Messinghaken, in die Wand geschraubt*

OBEN: *Eine Seidenkordel, lose um den Vorhang gelegt*

OBEN: *Eine elegante Messingrosette*

Zugkordeln für Stoffrollos

Befestigungshaken für Zugkordeln

RECHTS: **1** *Schlichte, luxuriöse schwere Troddeln aus Seidenkordel* **2** *Gewebte Kronen und breite, gestreifte Bänder* **3** *Leichte, hübsche Mehrfachtroddeln* **4** *Eine einzelne rote Troddel – sehr elegant*

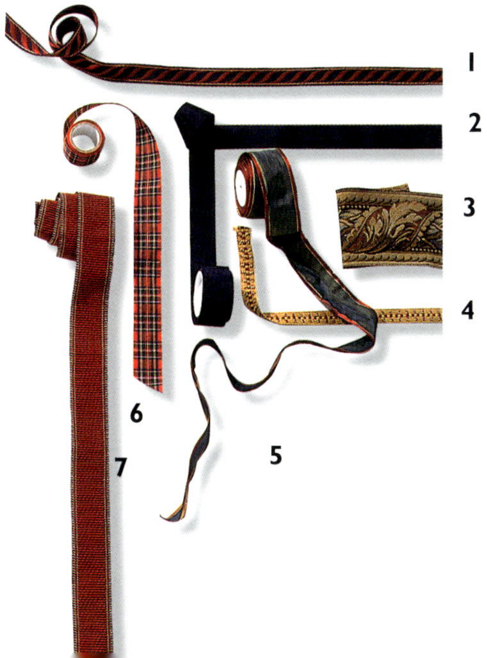

LINKS: *Material für alternative Zurückhalter:* **1** *Glänzendes Seidenripsband, alle Breiten erhältlich* **2** *Schwerer schwarzer Samt für klassischen Stil* **3** *Breites Gobelinband, schwer und traditionell* **4** *Gimpe, gewebt und eingefaßt* **5** *»Formbares« Seidenband mit Drahträndern* **6** *In leuchtenden Farben gewebtes Seidenband mit Schottenmuster* **7** *Feines Seidenripsband mit andersfarbigem Rand*

Polster und Füllungen

Die Verwendung eines Kissens bestimmt die Art der Füllung. Nicht brennbarer Schaumstoff manchmal mit synthetischer Watte komfortabler gemacht, wirkt quadratisch und maßgeschneidert. Daunen- und Federfüllungen, die sich zwar zusammendrücken lassen, aber wieder aufgeschüttelt werden können, nimmt man für komfortablere Kissen. Die Kissen sollten immer etwas größer sein als ihre Bezüge, damit sie kuschelig und gut gefüllt wirken.

OBEN: *Schaumstoffflocken – billig, tendieren aber zum Klumpen; gut zum Füllen von Bodenkissen*

LINKS: *Zurechtgeschnittene Schaumstoffkissen in unterschiedlicher Dichte und Dicke*

OBEN: *Polyesterperlen – ideal für einen Sitzsack, brauchen allerdings einen Innensack aus Baumwolle*

LINKS: *Polyesterwatte in unterschiedlicher Dicke und Breite*

OBEN: *Polyesterfüllung elastisch, waschbar, moderne Version des Kapo*

OBEN: *Grober Flanell, dicht gewebte, weiche Baumwolle, für Quilts aus Naturfasern*

RECHTS: *Reine Gänsedaunen – die beste Wahl für Kissen und Schlafdecken, hält jahrelang*

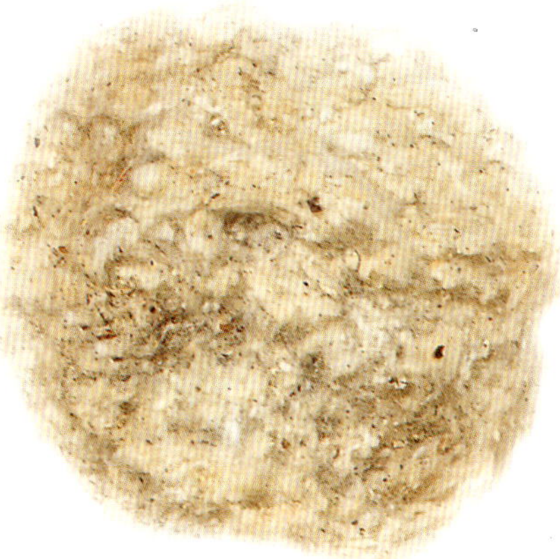

OBEN: *Baumwollfüllungen für Matratzen und Futons – verdichten sich und werden mit der Zeit hart*

RECHTS: *Daunen und Federn – je mehr Daunen desto besser; für Kissen und Bettdecken*

: Kapok – weiche Naturfaser für
n, klumpt eventuell

RECHTS: *Federn – die billigste Federfüllung, verliert jedoch an Spannkraft*

DEKORIEREN
MIT FARBE UND PAPIER

TEATRO COLON
BUENOS AIRES
1908

Einführung

Durch die Behandlung von Oberflächen mit Farben, Papier, Stoffen, Keramik oder Holz läßt sich ein Raum vollkommen verändern. Sorgfältig aufeinander abgestimmte Farben mit dezenter Textur bilden einen angenehmen Hintergrund für reichverzierte Möbel; einfache Holzböden können gemustert und patiniert werden, um einen eleganten und vornehmen Eindruck zu vermitteln. Mit Hilfe von Pinsel und Farbe lassen sich ganze Phantasiewelten schaffen.

LINKS: *Die Farbe der Wände, das Holzgeländer und die verschiedenen Texturen von Boden und Treppe ergänzen sich hier gegenseitig.*

RECHTS: *Eine einfache, elegante Gestaltung: Mit Hilfe der Durchziehtechnik wurden bei dieser Wand zwei unterschiedliche Gelbtöne erzielt, die durch eine Sockelleiste optisch getrennt werden.*

Anstrichtechniken

Im Lauf der Jahre wurde eine Vielzahl dekorativer Anstrichtechniken entwickelt, um flache Oberflächen interessanter zu gestalten und Materialien wie Holz oder Stein zu imitieren. Bei den meisten dieser Techniken werden Lasuren verwendet, Anstriche aus verdünnter Farbe, die in einfachen oder mehreren Schichten auf eine undurchsichtige Grundlage aufgetragen werden, um den gewünschten Effekt zu erzielen. Lasuren sind ein transparentes, mit Farbe oder Pigment getöntes Medium, das langsam trocknet und so weiter bearbeitet werden kann. Sie eignen sich für alle Oberflächen; die Struktur des Anstrichs kommt jedoch auf einem glatten Untergrund am besten zur Geltung.

Stoffballentechnik. Die nasse Lasur wird mit einem Baumwolltuch abgetupft, um die darunterliegende Farbe freizulegen. So entsteht ein dezenter, weicher Effekt.

Marmorieren. Schwamm- und Stoffballentechnik werden mit farblich sorgfältig abgestimmten Lasuren kombiniert, überlagert und durch eine Bürste geglättet.

Wickeltechnik. Ein Baumwolltuch wird über die nasse Lasur gerollt und diese so unregelmäßig abgetragen. Mehrere Lasurschichten werden so behandelt.

Farbtünchen. Etwas dunklere Lasur, wird auf einen helleren Grund aufgetragen, dann werden die Pinselspuren mit einem weichen Tuch verwischt.

Tupfentechnik. Die nasse Lasur wird mit einem kleinen Stück feiner Baumwolle abgetupft und dabei unregelmäßig entfernt, daß ein Wolkeneffekt entsteht.

Schwammtechnik. Die Farblasur wird mit einem Schwamm auf einen Grundanstrich aufgetragen oder von diesem abgehoben, um dessen Farbe freizulegen.

Lasuren gibt es auf Öl- und auf Wasserbasis, und mittlerweile bieten viele Hersteller moderne Lasuren auf Wasserbasis an, die mit synthetischen Materialien hergestellt wurden. Durch Anstrichtechniken, die unter Verwendung von Spezialpinseln oder einfachen Lappen und Schwämmen mit mehreren Lasurschichten und dünn aufgetragenen Farbwäschen arbeiten, lassen sich sehr dezente und natürlich aussehende Effekte erzielen. Der Einsatz starker Farbkontraste wirkt intensiver und erzeugt zudem einen dramatischen Effekt.

Es ist ganz einfach, mit diesen Anstrichtechniken auffällige und wirklich einmalige Effekte zu erzielen. Außerdem können Sie eine nasse Lasur einfach abwischen, wenn Sie nicht damit zufrieden sind, und von vorn beginnen.

Stupftechnik. Die Lasur wird mit einem Spezialpinsel mit dichten Borsten entfernt, so daß eine dezente, gleichmäßige Textur entsteht.

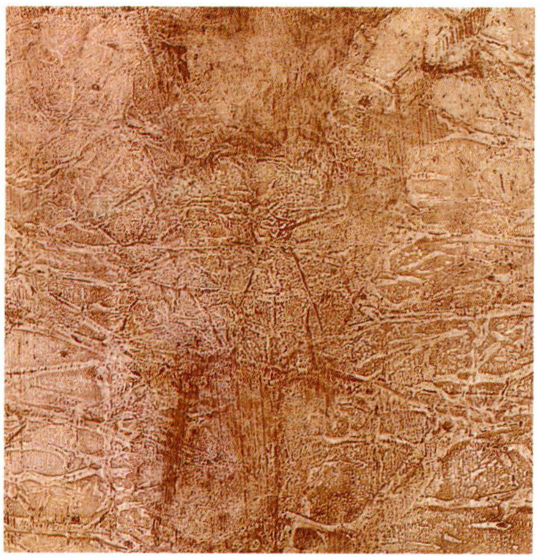

Frottage. Bei dieser Technik wird verdünnte Farbe aufgetragen und anschließend Zeitungspapier oder Stoff auf die nasse Schicht gepreßt.

Kammtechnik. Mit einem speziellen Werkzeug wird die oberste Farbschicht durchkämmt und so die darunterliegende Farbe freigelegt.

Holzmaserieren. Der realistische Effekt entsteht durch die Kombination gekämmter, gestupfter und mit dem Pinsel aufgetragener Lasurschichten.

Maserieren. Ein gewollt künstlicher Effekt. Mit einem Spezialwerkzeug werden verschiedene Muster imitiert – von knorriger Kiefer bis Seidenmoiré.

Durchziehtechnik. Mit einem langborstigen Pinsel werden gleichmäßige Streifen in die Lasur gezogen, um einen streifigen Effekt zu erzielen.

L.T.PIVER

LINKS: Gekämmte, mit Schablonenmotiven verzierte Wände bilden einen üppigen Hintergrund für farbenfrohe Schätze.

LINKE SEITE: Prachtvolle Découpage-Arbeiten wurden hier mit samtigen, terrakottafarben gestupften Wänden kombiniert.

OBEN: Dezente, grob gestrichene Wände mit einem ausgeschnittenen Laubfries bilden einen perfekten Hintergrund für glänzende Muscheln, glatten Marmor und Kiefernholz.

Dekorationsideen

Farbe und Papier sind wohl die einfachsten Dekorationsmaterialien, bieten aber viele Möglichkeiten. Wenn Sie schnell Effekte erzielen und dabei flexibel sein möchten, sollten Sie zur Farbe greifen. Schon einfache Farbunterschiede können die Ausstrahlung eines Raumes verändern. Unterschiedliche Eigenschaften hinsichtlich Glanz, Transparenz und Textur machen Farbe zum vielseitigsten Dekorationsmittel. Papieroberflächen lassen sich einfach bemalen, und die Struktur des Papiers kann den Effekt eines Farbanstrichs noch stärker hervorheben. Dekorative Anstriche lenken die Aufmerksamkeit auf die Bearbeitung einer Wand: So können sich wiederholende Muster und Texturen durch Schablonen oder freihändig aufgetragene Motive zusätzlich verschönert werden; Papierschnitte bilden eine Bildergalerie und werden zu einem festen Bestandteil der Wand.

RECHTS: Eine goldene Girlande, mit der Schablone auf Wände in sanftem Dunkelgrün aufgetragen, verbindet den Schildpattrahmen und die mit Grünspan und Gold verzierten Sammlerstücke auf dem Tisch.

OBEN: Die Sammlung von holzmaserierten Objekten wird durch die blau gebeizte Holzvertäfelung, deren Farbe deutlich hinter den warmen Holztönen hervorsticht, vorteilhaft zur Geltung gebracht.

RECHTE SEITE: Die geschwungenen Bögen dieses Regals aus Rohr und Metall wiederholen sich in den Mustern auf der Wand und der Keramik, die gemalt bzw. schabloniert oder gestempelt wurden.

Mit Farbe lassen sich Einrichtungsgegenstände aller Art verändern, wobei man die Eigenschaften der behandelten Oberfläche sowohl verdecken als auch hervorheben kann. Dichte, matte Farben absorbieren Licht und erzeugen ein Gefühl der Wärme; stark glänzende Farben wirken härter, kühler und strenger. Lichtdurchlässige oder transparente Farben betonen die Textur, vor allem bei Holz, denn sie bringen die Maserung in ihrer ganzen Schönheit zur Geltung.

Durch die Bearbeitung der gesamten Oberfläche mit Hilfe von Texturen oder Mustern können Sie eine große Wand oder ein großes Möbelstück kleiner und weniger kahl erscheinen lassen und müssen dennoch nicht auf Wandschmuck oder andere Dekorationen verzichten. Ebenso können Sie durch ein sorgfältig ausgesuchtes Motiv, in Kontrastfarbe auf einen einfarbigen Untergrund aufgemalt, die Aufmerksamkeit auf bestimmte Aspekte lenken.

Ein harmonisches Bild

Wichtige Voraussetzung für ein gelungenes Dekorationskonzept ist das Gespür für Geschlossenheit. Die meisten Räume enthalten verschiedene Elemente, wie Möbel, Bücher, Pflanzen oder Blumen, die alle zur Wirkung eines Raumes beitragen. Ein Dekor, das bemüht ist, all diese Dinge zu einem angenehmen Ganzen zu vereinen, schafft ein anregendes und harmonisches Bild.

Eine harmonische Farbgebung bildet eine solide Grundlage für die Gesamtdekoration. Einzelne Komponenten können aufeinander abgestimmt oder in Kontrast zueinander gesetzt werden und als optische Unterbrechung für große einfarbige Flächen dienen: mit Blickfängen aus verschiedenen Mustern oder Texturen, Möbeln oder Ornamenten, die das einem Dekor zugrundeliegende Thema ergänzen. Accessoires machen Räume lebendiger und lenken die Aufmerksamkeit auf bestimmte Elemente, die oftmals die Funktion des Raumes definieren. Ihre Form, Farbe und Textur setzen dramatische Akzente, die den Stil einer Dekoration verstärken.

LINKE SEITE: *Marmorierte Paneele, eine maserierte Sockelleiste sowie Wände mit Putzeffekt, alles in mediterranen Farben, bilden einen heiteren Hintergrund für die leichten Korb- und Rohrmöbel in diesem sonnendurchfluteten Raum.*

UNTEN: *Dezente Unterschiede in der Textur werden durch schlichte Teller in Kontrastfarben betont. Oberhalb des Tellerbords wurde die Stoffballentechnik, darunter Farbtünche verwendet.*

LINKS: *Mahagoni bildet hier einen eleganten Kontrast zum Frottage-Muster der zartgelben Wand und der Schwammtechnik in tiefem Gelb.*

Wandanstriche

Wände bieten viel Raum für Kreativität. Ein Anstrich kann eine abgenutzte Oberfläche wiederbeleben, und Farben können verschiedene Materialien imitieren. Als Muster oder Schicht aufgetragen, geglättet, aufgebrochen oder in bildhaften Darstellungen bieten sie ein vielseitiges dekoratives Finish mit vielen Möglichkeiten. Wände, die den farbigen Hintergrund für das Hauptmobiliar bilden sollen, können texturiert werden oder als große Leinwände für Illusionsmalereien dienen.

LINKS: Dieser Meeresblick ist nicht das, was er zu sein scheint: Ein verblüffendes Illusionsgemälde, umrahmt von einer Holzverkleidung, verwandelt eine bloße Wand in einen Wintergarten.

RECHTS: Buttergelb, als Tünche auf feinverputzte Wände aufgetragen, bringt Licht und Sonne in ein Bad mit Handtüchern und Glasdekorationen in frischen Blautönen – eine heitere, farbenfrohe Ausstattung.

Helle und leuchtende Farben

Farben haben eine große Wirkung und sind wohl das erste, was man beim Betreten eines Raumes bemerkt. Üppige, satte Farben verleihen einem Dekor Ausstrahlung und Vitalität.

Eine Gesamtdekoration in leuchtenden Farben ermöglicht dramatische Kontraste. Kühne Akzente durch Holz- und Möbelanstriche bewirken eine ausgelassene und heitere Atmosphäre. Durch die Verwendung von Komplementärfarben wird die Farbwirkung verstärkt. Auch mit passenden neutralen Farben, vor allem Schwarz und Weiß, lassen sich Akzente setzen. Größere Farbflächen können durch Zierleisten und Friese betont werden, die den Blick auf bestimmte Bereiche und Details lenken.

Wände mit kaleidoskopartigen Schichten aus lebhaften Farben strahlen eine Dynamik aus, die sich auf den Raum und das gesamte Mobiliar überträgt.

OBEN: Helles Tomatenrot und Mintgrün geben dem Raum südamerikanisches Flair.

RECHTS: Das blau gestrichene Holz paßt gut zu der dottergelben Wand.

RECHTE SEITE: Wände in sonnigem Ocker wirken heiter und schmeicheln rustikalen Möbeln.

EDWARD BURNE-JONES
The Tate Gallery London

Schlichte Hintergründe

Schlichte, einfache Räume erfordern manchmal einfache dekorative Behandlungen. Traditionelle Anstriche mit Kalktünche oder Leimfarbe (Tempera) besitzen eine organische Beschaffenheit. Sie dringen tief in die Wandoberfläche ein und färben so den eigentlichen Putzgrund. Sie können der Tünche trockenes Pigment beimischen, das einen weichen, blassen Farbton erzeugt und zu einem matten, kreidigen Glanz trocknet.

Bei Anstrichtechniken wie der Stupf- oder Durchziehtechnik, bei denen ein gleichmäßiges, aber nicht zu lineares Muster entsteht, können Sie durch leichte Farbunterschiede einen auf den ersten Blick einfachen, aber dennoch individuellen Effekt erzielen.

RECHTS: Die leichten Unebenheiten im alten Verputz dieser Landhausküche wurden grün getüncht.

LINKS: Dezente Trompe-l'œil-Paneele, mit sanften Farben durchzogen, verbreiten eine gelassene Eleganz.

UNTEN: Die unebenen Wände dieser Küche sind mit herkömmlicher, aus Haltbarkeitsgründen mit Öl gebundener Leimfarbe (Tempera) gestrichen. Sie bilden einen perfekten Hintergrund für die cremefarbene Porzellanvitrine.

Durchziehen von Lasuren

Bei der Durchziehtechnik wird ein Pinsel mit langen, groben Borsten verwendet, um einen gleichmäßigen, linearen Effekt zu erzielen. Diese Technik läßt sich durch Klopfen variieren; hierbei wird die Oberfläche zunächst durchzogen und anschließend mit dem Pinsel »geschlagen« bzw. abgeklopft, um die Pinselstreifen zu unterbrechen.

1 *Eine dünne Lasurschicht mit gleichmäßigen, vertikalen Pinselstrichen auftragen.*

2 *Die Lasur mit dem gleichen Pinsel glätten, so daß ein Streifenmuster entsteht.*

3 *Den Pinsel fast parallel zur Oberfläche halten und vertikal durch die Lasur ziehen.*

4 *Die Streifen vorsichtig mit dem leicht schräg gehaltenen Pinsel verwischen.*

Schwamm- und Stoffballentechnik

Bei der Schwamm- und der Stoffballentechnik werden Schichten aus gebrochener Farbe auf- oder abgetragen, um ein edles Aussehen zu erreichen. Farben mit ähnlicher Tönung erzeugen den Eindruck von Tiefe, während kontrastierende Schattierungen eine augenfällige und individuelle Dimension besitzen.

Auf einer großen Oberfläche wirkt die Schwammtechnik gleichmäßiger als die Stoffballentechnik. Da sich Schwämme beliebig formen lassen, können Sie damit unterschiedliche Muster erzeugen. Bei der Stoffballentechnik kann der Stoff sauber gefaltet oder lose gefaßt werden, um einen weichen Effekt zu erzielen: Bei größeren Flächen können Sie ihn auch über die Lasur rollen. Sie können auch Papiertücher, Plastiktüten, Sackleinen, Segeltuch oder beliebige andere Stoffarten verwenden und damit sehr unterschiedliche Resultate erzielen.

UNTEN: *Ein Badezimmer in warmen Farben: Der Chiffonvorhang und die mit einem Schwamm bearbeiteten Wände mit verstreut angebrachten Schablonenmotiven sind in unterschiedlichen Apricottönen gehalten.*

LINKS: Ein mit einem Hauch Terrakotta angereichertes, blasses Ocker wurde mit einem Stoffballen auf einen gebrochen weißen Grund aufgetragen und sorgt durch den Kontrast zur dunkelgrauen Holzverkleidung für einen exklusiven Charakter.

Farbgestaltung mit dem Schwamm

Mit einem Schwamm lassen sich Farben abtragen (d. h. eine Lasur oder verdünnte Farbe wird im noch feuchten Zustand mit einem Schwamm wieder abgetupft) oder hinzufügen, wie hier beschrieben: Mehrere Farbschichten aus Lasur oder verdünnter Farbe werden mit Hilfe eines Schwamms übereinander aufgetragen.

1 Die Grundfarbe auftragen und drei Farben (1 : 1 verdünnt) vorbereiten.

2 Den Schwamm mit der dunkelsten Farbe gegen die Wand drücken.

3 Mit dem sauberen, trockenen Schwamm die zweite Farbe in die Lücken drücken.

4 Den Vorgang mit der hellsten Farbe wiederholen und den Gesamteindruck prüfen.

Effektanstriche

Die Grundtechniken für dekorative Farbanstriche lassen sich so variieren, daß eine große Bandbreite an Effekten entsteht. Die Art der zu behandelnden Oberfläche spielt bei der Auswahl der Technik eine wichtige Rolle. Ein grober Verputz betont den Charme einer sanften, großflächig aufgetragenen Farbtünche, während eine nüchterne neue Wand durch ein komplexes Muster einen interessanten und individuellen Charakter erhält.

Es gibt nur wenige Oberflächen, dazu zählen auch Möbel und Stoffe, die sich nicht mit der einen oder anderen Farbe behandeln lassen. Durch das Experimentieren mit Farben in verschiedenen Glanz- und Deckungsgraden lassen sich Wände lebendiger gestalten, wobei die Oberfläche selbst zur Geltung kommen kann oder anregender Hintergrund für andere Einrichtungsgegenstände wird.

LINKE SEITE: *Lebhafte, grob farbgetünchte Wände bilden die perfekte Ergänzung zu rustikalen Möbeln und exotischen Vorhangstoffen.*

UNTEN: *Federleicht aufgetragene, lichtdurchlässige grüne Tünche auf Wänden und Möbeln verbreitet einen Hauch frischer, aber lässiger Eleganz.*

OBEN: Lebhafte, gekämmte »Terrakottafliesen« und eine in der Durchziehtechnik behandelte, stahlgraue Sockelleiste betonen eine gewitterwolkengrau getünchte Wand.

OBEN RECHTS: Dieser Farbeffekt soll nicht realistisch wirken: Die leuchtenden, fast komplementären Rot- und Blautöne bringen den dramatischen, dekorativen Holzmaserungseffekt noch stärker zur Geltung.

Kombinationen aus verschiedenen Techniken machen sich besonders gut. Durch ein formales Muster unterhalb einer Sockelleiste erhalten Wände, deren Oberfläche einheitlich behandelt wurde, einen festen Rahmen. Durchziehen, Maserieren und Kämmen eignen sich hervorragend für die Verwendung auf Holz und stellen so eine Verbindung zu großflächiger gemusterten Wänden her.

Oberflächeneffekte, die auf Wänden gut wirken, können auf Türen und Fensterrahmen fortgesetzt werden und sorgen so für ein einheitlicheres Dekor. Techniken wie Stupfen, Frottage, Wickel- und Schwammtechnik lassen sich auf diese Weise sehr effektiv einsetzen, vor allem, wenn Sie für Holz und Wände unterschiedliche Farben oder sorgfältig abgestufte Schattierungen verwenden. Durch Kontraste wird die Wirkung dynamischer; wenn Sie auffällige Texturen in aufeinander abgestimmten Farbtönen oder starke Farbkontraste in klaren Mustern verwenden, erzielen Sie gewagte dekorative Effekte.

Oben: Bei Verwendung zweier sehr konträrer Farben wird mit der Frottage-Technik ein raffinierter Effekt erreicht; hier wurde Blau abgetragen, um Olivgrün freizulegen.

Links: Hier wurden alte, unebene Wänden sanft frottiert; eine Technik, die bei vergilbten Gelbbrauntönen ebenso für das Holzwerk geeignet ist.

Trompe-l'œil-Malerei

Die Trompe-l'œil- oder Illusionsmalerei besitzt eine lange Tradition. Schon seit Jahrhunderten wird diese Technik für Gebäude verwendet, zur Verdeckung oder Verschönerung oder auch als humoristisches Detail.

Durch Illusionsmalerei kann man einer kahlen Zimmerwand mehr Leben verleihen, zum Beispiel mit einer künstlichen Aussicht. Außerdem lassen sich strukturelle Details umgestalten: Ein einfacher Wandpfeiler kann zu einer korinthischen Säule, eine Holzvertäfelung im Kinderzimmer zu einer Eisenbahn werden. Auch wenn Sie für kompliziertere Ideen zeichnerisches Geschick benötigen, können Sie mit Photokopien, Pauspapier und Originalität bereits verblüffende Resultate erzielen, denn bei der Trompe-l'œil-Technik ist die Idee mindestens genauso wichtig wie das Endergebnis.

OBEN: Eine witzige Idee ist das einfache, plastische Bild eines Schirmständers neben einer Tür.

LINKS: Eine leichte, impressionistische Landschaft in freiem Freskostil beschwört die bezaubernde Atmosphäre einer entlegenen Waldlichtung herauf.

RECHTE SEITE: Diese Küchentheke wurde durch eine klassische Balustrade verwandelt, in der sich die Rundbögen der Kochnische wiederholen. Schlichte, elegante Formen sind in kühlem, zurückhaltendem Monochrom wiedergegeben.

Steineffekte

UNTEN: Mit Hilfe von Stupf- und Schwammtechnik wurde hier auf blassem Ocker eine graue, granitartige Struktur aufgetragen und sorgfältig mit imitierten Fugen versehen.

Mit Farbe lassen sich verschiedene, für Dekorationszwecke beliebte Steinarten imitieren. Mit der Schwammtechnik, der Stupf- oder Stoffballentechnik oder der Frottage kann man die Farbe und Beschaffenheit von Marmor, Granit und Sandstein wiedergeben; bei sehr genauer Betrachtung des Originals lassen sich alle Arten von Stein nachahmen.

Stein besitzt Würde und Stärke. Er eignet sich daher hervorragend für formelle Räume oder für Räume, die weitläufig wirken sollen. Ebenso ideal ist er für besondere Akzente, beispielsweise für Treppenhäuser oder Kamine. Aussehen und Beschaffenheit von natürlichem Stein sind sehr unterschiedlich, die Farben zumeist gedämpft, obwohl beispielsweise einige Marmorarten sehr lebhafte Farben besitzen. Formellere Steinarten wie Marmor, Alabaster und Onyx wirken auf glatten Oberflächen am überzeugendsten.

OBEN: Hier wurden wunderschöne, klassische Alabasterblöcke aufgemalt; die Maserung ist sorgfältig variiert und dezent gefärbt; die feine Äderung und die präzisen Fugen sorgen für einen kühlen, eleganten Effekt.

OBEN: Tür und Vertäfelung sind von einer zarten, marmorierten Farbe bedeckt, die das beste aus einer sehr unebenen Oberfläche macht und mit einer sehr begrenzten Palette einen abgetragenen, antiken Steineffekt erzeugt.

Steineffekte

Eine Oberfläche aus Steinblöcken läßt sich mit der Frottage-Technik ganz einfach imitieren. Für Steineffekte werden zumeist neutrale Farben verwendet; diese können abgetönt werden, damit sie zur restlichen Dekoration passen. Wenn Sie mit mehreren eng verwandten Farben arbeiten, erhalten Sie einen dezenten Steineffekt, der durch detailgetreue Fugen noch deutlicher wird.

1 Mit dem Pinsel hellere Farben im Steinblockmuster auf die Grundschicht auftragen.

2 Heben Sie mit der Frottage-Technik die nasse Farbe mit Zeitungspapier ab.

RECHTS: Grob ausgeschnittene Schablonenmuster, die alten keltischen Mustern nachempfunden sind, wurden in loser Reihenfolge mit Grundierleim aufgedruckt und dann für eine einfache, aber effektvolle Wirkung mit Goldfarbe bemalt.

OBEN: Einfache, fünfzackige Sterne bilden ein Sternenbild über dem Bett. Sie wurden mit einer Schablone in Kreideblau auf eine blaßgelbe Wand aufgetragen, und zwar bewußt unregelmäßig, um ein steifes Muster zu vermeiden.

Abstrakte Schablonenmuster

Das Schablonieren ist eine vielseitige und interessante Technik, die zu den ältesten Drucktechniken gehört. Es gibt eine Fülle von Schablonenbildern abstrakter und gegenständlicher Art, die als Anregung dienen können. Einzelne abstrakte Formen oder Symbole können gruppenweise in regelmäßigen Mustern oder wahllos über große Bereiche angebracht werden. Der größte Vorzug der Schablonentechnik liegt darin, daß Sie eine Schablone immer wieder verwenden

LINKS: Dieses auffallende Muster entstand mit der Schablone: Das Motiv aus vier Linienpaaren und vier Rhomben erstreckt sich als Fries über den ganzen Raum, wobei Teile des Motivs wiederholt werden, um das Design abzurunden.

OBEN: Die Schablonentechnik bietet eine kostengünstige, schnelle und sehr vielseitige Alternative zur Tapete. Das kräftige, locker umrissene Gitter wirkt hier durch den groben Druck sehr lebhaft.

können, sich jeder Druck jedoch leicht von dem letzten unterscheidet. Sie können Kombinationen einfacher, abstrakter Formen so auftragen, daß eindrucksvolle Kompositionen entstehen, oder Sie wiederholen Muster gleichmäßig über große Flächen. Die Farben können gleichmäßig und dicht aufgetragen oder sanft abgestuft werden bzw. ineinander übergehen. Sie können auch Grundierleim mit der Schablone auftragen und diesen beflocken oder vergolden.

Einzelne Muster sind sehr flexibel, da die Schablone jedesmal verschoben werden kann; Mehrfachschablonen sind besser für große Flächen geeignet.

OBEN: Schablonierte blaßrote Bänder und Rosen, umrahmt von frischen, grünen Blättern, ergeben an der Wand ein Fries bzw. eine Girlande über dem Fußende des Bettes, ebenso ein schönes Muster auf der Bettdecke.

Blumenschablonen

Blumen sind als Schablone sehr beliebt, denn ihre Umrisse lassen sich leicht auf Karton nachzeichnen und ausschneiden. Zudem bieten sie viel Raum für phantasievolle Kombinationen von Farbe und Design. Blumenmotive werden häufig zusammen mit Bändern und Bögen zu Kränzen und Girlanden verbunden. Sie lassen sich mühelos verschiedenen Verwendungszwecken anpassen und mit Hilfe von Wiederholungen und Verbindungen zu komplexen Mustern und Kombinationen zusammenstellen. Angesichts der Einfachheit dieser Technik ist es verblüffend, wie raffiniert Schablonen aus stilisierten Pflanzenformen wirken können.

OBEN: Die schablonierten Trompe-l'œil-Lilien im Topf werden durch das Efeu, das sich über den Lampen und der Bildleiste rankt, zusätzlich betont.

LINKS: Diese Girlande in abgetöntem Kirschrot harmoniert perfekt mit der blaßrosa Wand, die mit dem Stoffballen behandelt wurde.

BELL'S
COINTREAU

Tapeten und Vertäfelungen

Ob prächtige Blumendrucke in bunten Farben, dicke Prägungen oder goldene Streifen – Tapeten besitzen interessante Farben und Texturen und sorgen für eine einheitliche und gleichmäßige Wandoberfläche. Tapeten und Holzvertäfelungen – ganz gleich, ob unbehandelt, gestrichen oder gebeizt – geben einem Raum mehr Wärme, lassen ihn behaglicher wirken und besitzen darüber hinaus einen großen optischen Reiz.

LINKS: Klare, exakte Streifen oberhalb der Sockelleiste und eine Tapete mit blauen Blumen darunter passen sehr gut zur behaglichen Stille dieses Landhauseßzimmers.

RECHTS: Ein passender Stoff verdoppelt die Wirkung der traditionell bedruckten französischen Tapete: Das blasse pastorale Muster wiederholt sich in den Falten des Vorhangs.

Tapezierte Räume

Tapeten verleihen einem Raum einen starken, sehr eigenständigen Charakter. Die ersten Tapeten, zunächst handbemalt, dann bedruckt, waren sehr teuer und stellten nahezu einzigartige Kunstwerke dar. Durch die Möglichkeiten der Massenproduktion wurden Tapeten für jeden Geldbeutel erschwinglich, und mittlerweile gibt es eine enorme Vielfalt sowohl hinsichtlich des Stils als auch in der Qualität.

Zu den wichtigsten Merkmalen einer Tapete zählt die fortlaufende Wiederholung eines gedruckten Musters, und viele Entwürfe machen sich dies zunutze. Traditionelle Muster, mit realistischen, bildlichen Drucken, streng formellen Streifen oder Motivwiederholungen, finden weiterhin Verwendung, vor allem bei der Auswahl von Tapeten für Dekors, die einer bestimmten Epoche nachempfunden sind. Ungewöhnlichere Tapeten, beispielsweise Struktur-, Präge- oder Relieftapeten, bieten Alternativen bei der Wanddekoration.

UNTEN: *Streifen mit geometrischen und Blumenmustern in gedämpften Farben sorgen für die angemessene stilistische Note in diesem eleganten, mit hohen Decken ausgestatteten Regency-Salon.*

LINKS: Dieser überzeugende Druck handgemachten, farbgetünchten Papiers wirkt exklusiv und edel, läßt sich aber so einfach anbringen wie eine Tapete.

RECHTS: Diese moderne Tapete mit ihren lässigen Streifen paßt ausgezeichnet zur geblümten Stofftischdecke und dem schlichten Bastrollo mit kariertem Stoffrand.

LINKS: Auf einem satten Untergrund in erdigem Rot sind primitiv gezeichnete Vögel und Tiere abgebildet. Viele Tapeten weisen Wiederholungen desselben Motivs auf.

LINKE SEITE: Großformatige Wiederholungen von Radierungen ergeben ein erstaunlich modernes Design.

OBEN: Dieses wunderschön ausgeglichene Design aus botanischen Formschnitten in zarter Wasserfarbe wirkt elegant und modern.

Tapetenneuheiten

In den letzten Jahren gab es Entwicklungen in der Farb- und Papiertechnologie, mit denen die Möglichkeiten für gedruckte Wandbedeckungen noch weiter gestiegen sind. Die Motivauswahl wächst ständig, und fotografische sowie computergenerierte Techniken ermöglichen komplexe und einfallsreiche Produkte. Die neue Begeisterung für dekorative Anstriche hat außerdem zur Produktion von Tapeten geführt, die diese Techniken nachahmen.

Tapeten erfüllen weiterhin die dekorative Funktion, für die sie ursprünglich entwickelt wurden, und viele beliebte klassische Designs werden Jahr für Jahr wieder gedruckt. Es gibt jedoch frische, neue Ideen, so daß viele Alternativen zu den herkömmlichen, manchmal etwas überladenen Tapetendrucken erhältlich sind.

Découpage

Eine sorgfältige Zusammenstellung ausgeschnittener Bilder, die auf eine Wand geklebt werden, gibt dieser das gewisse Etwas. Die im 18. Jahrhundert entwickelte Découpage-Technik ist äußerst dekorativ und findet auch heute vielseitige Verwendung, wobei sich alte Drucke hervorragend eignen.

Sie können jedoch alle Arten von Bildern verwenden: Katalog- und Zeitschriftenseiten, Familienfotos, Geschenkpapier, ja sogar Gemälde und Zeichnungen. Je dünner das Papier, desto besser. Ist das Papier zu dick oder ist die Größe des Bildes für den vorgesehenen Zweck nicht geeignet, können Sie eine Fotokopie in Schwarzweiß oder Farbe machen. Die ausgesuchten Bilder werden sorgfältig mit einer scharfen Schere oder einem Teppichmesser (Skalpell) ausgeschnitten, aufgeklebt und zum Schutz der Oberfläche anschließend lackiert.

OBEN: Hier wurden Kopien köstlicher Früchte in authentischen Farben zu einem frischen, reizvollen Fries zusammengestellt. Klare Farben und eine orangefarbene Umrandung auf hellem Grün geben dem Fries ein beschwingtes, modernes Aussehen.

LINKS: Schwarzweiße Stiche mit Bauernhoftieren wurden fotokopiert, ausgeschnitten und an der Wand arrangiert. Sie bilden die passende rustikale Ergänzung für diese reizende Landhausküche.

LINKE SEITE: Diese ins Auge fallende Dekoration verleiht der Küche die entsprechende kulinarische Note: Das Bild einer Karotte aus einem alten Saatkatalog wurde farbkopiert, die Kopien ausgeschnitten und auf eine tiefblaue, grob gestrichene Wand geklebt.

RECHTS: Dieser Raum wurde ganz mit Découpage-Motiven ausgestattet. Die gelb getünchten Wände wurden mit gedruckten, perlenverzierten Trompe-l'œil-Paneelen, einer Sockelleiste und einem Fries dekoriert; sorgfältig ausgesuchte ornithologische Drucke wurden gerahmt und durch elegante Papierkordeln und Troddeln verbunden.

Im 18. Jahrhundert war es Mode, Sammlungen von Radierungen und Drucken in einem eigens dafür gedachten Zimmer auszustellen. Die Motive waren zumeist der Botanik bzw. der Zoologie entlehnt oder behandelten Themen der Antike. Die Drucke wurden wie in einer Gemäldegalerie an der Wand arrangiert. Diesen Stil können Sie mit schwarzweißen Illustrationen nachahmen, die mit kunstvollen Papierrahmen eingefaßt wurden. Sie können auch Drucke kolorieren, um einen alten Farbdruck zu imitieren. Wenn Sie eine Fotokopie künstlich altern lassen möchten, tauchen Sie diese in stark verdünnten Tee.

GANZ LINKS: Blasse, sepiafarbene Farbtünche bietet einen perfekten Hintergrund für diese Druckserie mit französischen Stadtmotiven. Einheitliche Rahmen und gleichmäßig geschlungene, von einem Löwenmaul gehaltene Kordeln verleihen dieser Komposition eine angenehme Symmetrie.

LINKS: Diese viktorianischen Drucke, deren Stil um einiges schwerfälliger wirkt als der von Drucken aus dem 18. Jahrhundert, sehen auf der in sanftem Venezianischrot gestupften Wand kostbar und imposant aus.

Découpage-Motive an der Wand befestigen

Messen Sie sorgfältig aus, an welcher Stelle die Ausschnitte plaziert werden sollen, markieren Sie die entsprechenden Stellen und überprüfen Sie mit einem Senkblei und einer Wasserwaage die gleichmäßige Ausrichtung.

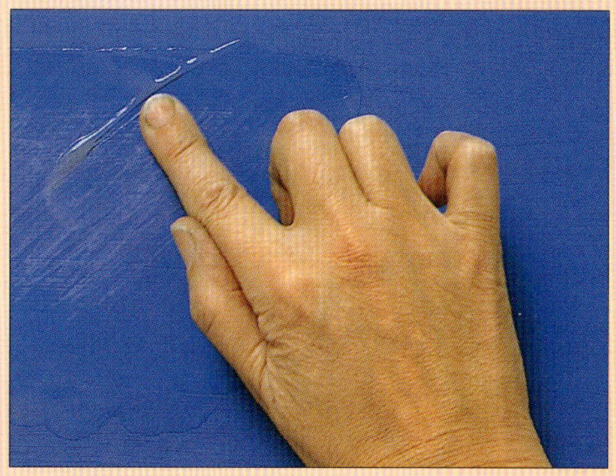

1 Den Klebstoff an den markierten Stellen auftragen und gleichmäßig mit den Fingern verteilen.

2 Den Druck mit beiden Händen in die richtige Position bringen, Ecke für Ecke andrücken und Blasen ausstreichen.

3 Den Druck mit einem feuchten, sauberen Schwamm von der Mitte aus abwischen, um ihn zu glätten.

4 Überflüssigen Kleber bei Bedarf mit einem feuchten Schwamm entfernen, damit die Lackierung richtig hält.

5 Prüfen, ob die Ecken und Kanten festgeklebt sind. Zum Schutz den Druck am besten mehrmals lackieren.

Links: Freie Bahn für Farbe und Papier: Hier wurden bedruckte Chintzstoffe nach Farbtönen arrangiert und blumenbedruckte Tapeten in strengen Paneelen angeordnet, die wiederum von einem Anstrich in der Stoffballentechnik umrahmt sind. Weitere Akzente entstehen durch Kehl-, Sockel- und Fußleisten in Graugrün.

OBEN: Ein Lattenzaun im Badezimmer: Einfache Bretter, oben spitz zulaufend, wurden grob mit weißer und grüner Eierschalenfarbe gestrichen und am oberen Teil mit einer Reihe schablonierter Seepferdchen versehen. Die Bretter wurden in leichter Entfernung von der Wand angebracht und werfen so reizvolle Schatten.

Holzvertäfelungen

Eine Holzvertäfelung bringt Wärme und Behaglichkeit in einen Raum. Das Anbringen einer solchen Vertäfelung ist nicht schwierig – sie wird einfach mit Hilfe eines Lattengerüsts an der Wand befestigt. Mit schmalen Dielen läßt sich nahezu jeder Raum problemlos vertäfeln. Außerdem lassen sich damit Leitungsrohre und unebene Wände ausgezeichnet verbergen oder isolieren: Die Stützlatten werden in der erforderlichen Entfernung zur Wand angebracht und die Oberseite mit einem Regalbrett abgedeckt. Die Auswahl des Finish hängt von dem gewünschten Effekt ab; die meisten gehobelten Bretter besitzen eine unregelmäßige Maserung, die lackiert oder gebeizt besonders gut zur Geltung kommt.

OBEN: Eine milchig-weiß getünchte Holzvertäfelung wird durch ein Tellerbord abgeschlossen, dessen Helligkeit im Kontrast zur meergrünen Wand steht.

LINKS: Einfache Holzplanken, in blassem Treibholzgrau getüncht und mit einem klaren, matten Lack versiegelt, bilden einen sanften Kontrast zu den goldglänzenden Armaturen.

Farbtünchen von Holz

Durch farbige Tünche wird die natürliche Schönheit eines Holzes betont. Durch transparente Beize, die in Holztönen und leuchtenden Farben erhältlich ist, wird die Holzmaserung nicht verdeckt. Sie können aber auch Farbe auf Ölbasis mit Terpentinersatz verdünnen, um einen halbdeckenden Anstrich zu erhalten.

1 *Bei neuem Holz die Astlöcher mit einer speziellen, klaren Schellackversiegelung versiegeln.*

2 *Zwei Farben auf Ölbasis 1 : 1 mit Terpentinersatz verdünnen und die dunklere Farbe ungleichmäßig auftragen.*

3 *Sobald die erste Farbschicht vollständig trocken ist, die zweite ohne Pinselspuren ungleichmäßig auftragen.*

Anstriche für Holzvertäfelungen

UNTEN: Dieses schön gearbeitete Konsole mit den darauf arrangierten Tellern bildet den Abschluß einer in warmen Rot gestrichenen Holzvertäfelung, die so angebracht wurde, daß ein Sitzplatz am Fenster entsteht.

Holz wird schon seit Jahrhunderten für Vertäfelungen verwendet, und dabei entstanden einige der gekonntesten und außergewöhnlichsten Dekorationsarbeiten. In herrschaftlichen Häusern wurden geschnitzte Paneele, die gefaltetes Leinen oder komplizierte geometrische Muster imitierten, angebracht, dann gewachst und zu einem tiefen Glanz poliert. Später ergänzte man die Holzarbeiten durch mit Friesen verzierte, bemalte und vergoldete Gipsformen, um eine elegante, klassizistische Ausstattung zu erhalten. Diese Art von Vertäfelung kann einen ganz eigenen Reiz haben.

Dezentere Arten der Vertäfelung wurden stets dort verwendet, wo eine praktische Raumdekoration gefragt war, die zugleich die Wände schützte.

LINKS: Der weiche Überwurf aus Wolle und der behagliche Lehnsessel machen sich sehr gut vor dieser Wand mit der zweistreifigen Tapete und der mit einem Stabprofil abgeschlossenen Holzvertäfelung. Durch deren warmes Schokoladenbraun wirkt die Ecke äußerst gemütlich.

OBEN: Dieser holzvertäfelte Fenstersitz ist mit kunsthandwerklichen Motiven und Schablonen bemalt. Die Borte auf der Rückwand des Sitzes setzt sich auf derselben Höhe im Zimmer fort.

Bretter mit Anstrich sorgen für eine schöne Vertäfelung, wobei die unterschiedlichen Profile der verschiedenen Bretterarten zum strukturellen Effekt der Oberfläche beitragen. Die Bretter werden normalerweise vertikal befestigt, lassen sich aber auch problemlos anders ausrichten.

Wie immer, wenn es um Farbe geht, gibt es auch hier eine gewaltige Auswahl hinsichtlich des Anstrichs, mit und ohne Textur. Hochglänzende Farbe ist sehr robust, kann aber hart und kalt wirken; auf matten Anstrichen bilden sich schnell Spuren und Kratzer, weshalb sie durch eine Lackierung geschützt werden sollten; seidenmatte Farbe und Eierschalenfarbe sind stoßfest und weisen beide einen sanften Schimmer auf, der jedoch leicht variiert. Das solide, geradlinige Aussehen einer Holzvertäfelung verleiht einem Raum Charakter.

Fliesen

Dank ihres Farbenreichtums und ihrer Robustheit sind Fliesen eines der beständigsten Dekorationsmittel. Ihr Bausteinformat verleiht Ihnen große Flexibilität und ermöglicht ein einfaches und einfallsreiches Mischen von Mustern, Größen und Farben. Für Küchen und Badezimmer, wie für alle Wände, die Wasser oder Dampf ausgesetzt sind oder leicht zu reinigen sein sollen, stellen hartglasierte Keramikfliesen eine praktische und dekorative Lösung dar.

LINKS: *Dieses klassische Badezimmer mit blau-weißen Fliesen, die in Höhe der Sockelleiste und der Decke mit einem karierten Fries umrandet sind, bietet ein stimmiges Bild.*

RECHTS: *Diese kleinen Mosaikfliesen ergeben eine klare, lebhafte Textur, wie sie für ein kleines Badezimmer gut geeignet ist.*

OBEN: Preisgünstige und einfache leuchtendweiße Fliesen wirken durch die aufgestempelten Seesterne in leuchtenden Farben fröhlicher: eine warme, sonnige Teilverfliesung für ein Waschbecken.

Badezimmerfliesen

Durch die Verwendung angenehmer Farben erhalten hartglänzende Fliesen eine freundliche und fröhliche Komponente. Die Textur bzw. das Muster von Relieffliesen oder bedruckten Fliesen bieten weitere Akzente, die vereinzelt oder in regelmäßigen Abständen oder auf der ganzen Fläche eingesetzt werden können.

Die Kombination von Fliesen mit kontrastierenden Materialien wirkt interessant. Solche Kombinationen lassen sich in bestimmten Bereichen des Badezimmers einsetzen, vor allem hinter dem Waschbecken oder der Badewanne, wobei die Wände aus Kork, mit Holz vertäfelt oder mit einem Strukturanstrich behandelt sein können. Sorgfältig ausgewählte Accessoires und Verzierungen verstärken den Effekt.

OBEN: *Bunte Mosaik-Wellen, die sich über Muschelschalen brechen, sind als lebensfroher Fries über Fliesen in gebranntem Orange an einer farbig getünchten Wand angebracht.*

LINKS: *Das mit der Schablone auf einfache, weiße Fliesen aufgetragene Muster in Ultramarinblau wird durch Fundstücke aus dem Meer und grobes Holz belebt.*

Mosaik

Die antike Kunst des Mosaiks ist ideal, wenn Sie Ihr Heim mit zusätzlichen Blickfängen ausstatten möchten. Ebenso wie Flächen aus größeren Fliesen sind Mosaiken bunt und robust. Das Design kann gegenständlich oder abstrakt sein und leuchtende, metallische Teilchen enthalten, so daß die Oberfläche glitzert.

Sie können Keramikfliesen verwenden und diese in bestimmte Größen oder auch willkürlich zerbrechen oder zerschneiden. Außerdem sind spezielle Bögen mit Mosaikteilchen erhältlich: Kleine, undurchsichtige, farbige Glasstücke sind auf Papier, etwas größere Fliesen auf einem Gittergewebe befestigt, damit sie sich leichter verlegen lassen. Die Stücke werden in eine Schicht Fliesenkleber gedrückt und die Lücken anschließend mit Mörtel gefugt.

UNTEN: *Dieses freundliche, oben gewellte Mosaik hinter einem Waschbecken besteht aus mehreren Blöcken in sanften Heidefarben, die mit torfbraunen Mosaikstücken umrandet sind.*

OBEN: Mosaikstücke aus undurchsichtigem Glas, die bogenweise in einer großen Farbauswahl erhältlich sind, geben einem Design das gewisse Etwas.

OBEN: Jedes Stück wird mit dem Fliesenschneider grob in Vierecke zerschnitten. Mit einer Papiervorlage können Sie feststellen, wie viele Mosaikstücke Sie für den jeweiligen Teil eines Designs benötigen.

OBEN: Kleine und große, grob quadratische Mosaikstücke in Farben, die an Edelsteine erinnern und in einem einfachen geometrischen Muster angeordnet sind, sind ein ausgezeichnetes Design für eine Tischoberfläche.

Küchenfliesen

Da Fliesen abwaschbar und sehr robust sind, eignen sie sich nicht nur für Badezimmer, sondern ebensogut für Küchen und andere Nutzräume wie Speisekammern oder Waschküchen. Außerdem bleiben Arbeitsflächen aus glasierten oder unglasierten Keramikfliesen kühl und sind somit ideal für die Herstellung von Brot oder anderen Teigwaren.

Nicht alle Fliesen sind glänzend glasiert. Es gibt Dutzende verschiedener Oberflächen, angefangen bei glatten, stoß- und schlagfesten Fliesen, weichem, terrakottafarbenem Sandstein über eine unendliche Auswahl an geprägten Fliesen mit allen möglichen Motiven oder Texturen bis hin zu handgemachten, salzglasierten oder individuell bemalten Fliesen. Antike Fliesen aus verschiedenen Epochen sind als Sammlerobjekte begehrt; Fliesen aus fremden Ländern sind wunderschöne, beständige Reisesouvenirs, die sich beispielsweise in die Küchenwand integrieren lassen. Die Mischung verschiedener Texturen und Muster sowie bildhafter und stilistischer Elemente kann zu erstaunlichen Ergebnissen führen. Es gibt Fliesen mit speziellen Küchendesigns, zum Beispiel mit kulinarischen Motiven. Geflieste Wände wirken meist sehr unruhig, wobei jedoch ihr großflächiger Einsatz, vor allem in kleinen Küchen, oft einen richtig dynamischen Effekt hat.

LINKE SEITE: Die Küche von Giverny, wo der Maler Claude Monet lebte, verfügt noch immer über ihre wunderbare gußeiserne Küchenzeile und die blau-weißen Originalfliesen aus Rouen.

UNTEN: Diese handgefertigten Fliesen in Blau und Rost passen perfekt zu der hölzernen Anrichte, den rauh verputzten Wänden und dem altmodischen Spülbecken.

Dekorieren von Fliesen

Wenn Sie eine wirklich persönliche Note erreichen wollen, können Sie Fliesen mit Drucktechniken wie Stempel oder Schablone dekorieren. Ein von Hand gedrucktes Design ist eine effektvolle Bereicherung für die gesamte Dekoration, und zudem macht es Spaß, etwas wirklich Passendes und Eigenes herzustellen.

Einfache weiße, glasierte Fliesen bilden einen ausgezeichneten Hintergrund für alle Farben; Sie können Ihre eindrucksvollen Dekorationen jedoch ohne weiteres auf andere einfarbige Fliesen, glasiert oder unglasiert, aufbringen. Neben Karoffeln gibt es viele weitere Materialien, die sich zum Drucken verwenden lassen: Pappe (Karton), Styropor, Linoleum usw. Mit der Stempeltechnik können Sie leicht Variationen erzielen. Dabei wird Farbe auf den Stempel gemalt oder gerollt und dieser wiederum fest auf die Fliese gedrückt. Acryl- oder ölhaltige Farben, aber auch Zellulose-Sprühfarben für Autos eignen sich für die Stempel- oder Schablonentechnik, am beständigsten ist jedoch spezielle Fliesenfarbe oder zumindest Fliesengrundierung.

OBEN: Diese sechs Fliesen wurden in der Schablonentechnik mit einfachen Designs in sanft abgestuften Farbschattierungen versehen – hübsche, frische Bilder, die einen naiven Charme ausstrahlen.

RECHTS: Diese einfache Zeichnung einer Paprikaschote, abwechselnd in Rot oder Grün aufgestempelt, bildet einen perfekten Hintergrund in ein[illegible]che.

RECHTE SEITE: Bei dieser stilvollen Dekoration wurden alle Fliesen an den Ecken gestempelt; in regelmäßigen Abständen kommt ein Hahnenmotiv hinzu.

Böden

Fußböden sind große Farb- und Texturflächen, die einen grundlegenden Einfluß auf die allgemeine Wirkung eines Raumes haben. Holzdielen und Fliesen sind als Böden gut geeignet. Auch Linoleum und Vinyl, die einst als billiger Ersatz für traditionelle Materialien galten, werden mittlerweile in einer großen Vielfalt von Materialien und Qualitäten hergestellt, einige als überzeugende Imitationen von Naturholz oder Stein, andere mit eigenen Mustern und Texturen.

LINKS: Hier wurde warmes, unverwüstliches Vinyl mit einem täuschend echt wirkenden Naturmuster für eine schlichte, formelle Küche und das dahinterliegende elegante Eßzimmer verwendet.

RECHTS: Imitiertes Granitpflaster, mit Farbe auf Ölbasis auf weiße Vinylfliesen gedruckt – ein Badezimmerboden mit Mosaikeffekt

Einfache Holzdielen mit Charme

Ein Holzboden, ob alt oder neu, wirkt durch seine besondere Wärme und Schönheit. Holz ist ein unverwüstliches und flexibles Material, das beim Altern zusätzlich an Reiz gewinnt. Es dunkelt nach, wenn es der Sonne ausgesetzt ist, und auch der tägliche Gebrauch hinterläßt Kratzer, Narben und Patina.

Die sanften Farbunterschiede eines Holzes und das rhythmische Muster sauber verlegter Dielen sorgen für eine angenehme Lebhaftigkeit und bilden einen neutralen Untergrund für die Möbel. Transparente Beize und Polituren eignen sich besonders gut für Holz. Lacke sind in verschiedenen Glanzabstufungen erhältlich, Wachse müssen wiederholt aufgetragen und poliert werden – das Resultat ist jedoch sehr dezent und lohnt den Aufwand.

Billiges Bauholz oder günstig erstandenes Nutzholz aus Abrißgebäuden eignet sich ausgezeichnet als Fußboden; seine rauhe Ausstrahlung wird durch den täglichen Gebrauch abgemildert.

UNTEN: *Dieser dunkle, polierte Fußboden aus schmalen Dielen bietet einen ausgleichenden Untergrund für den klar gemusterten Webteppich und die seegrasgepolsterte Sitzbank.*

LINKS: Auf diesem mit Firnis versiegelten Holzboden liegt ein Teppich in warmen Farben; bei der Renovierung des alten Bauernhauses wurde altes Holz mit neuem kombiniert.

UNTEN: Die breiten Eichendielen in diesem Eßzimmer bilden eine rustikale Grundlage für die karierten Bezüge und gestreiften Vorhänge.

GANZ UNTEN: Die groben, stark abgenutzten Dielen aus Ulme in diesem Arbeitszimmer haben aufgrund ihres Alters einen sanften Patinaschimmer.

Schablonenmotive auf Holzböden

Sauber ausgeschnittene Schablonenmotive kommen auf Holzfußböden ausgezeichnet zur Geltung. Durch die klaren Umrisse ist der Effekt besonders wirkungsvoll, denn er ist kräftig genug, um nicht von der Holzmaserung überlagert oder durch die Fugen zwischen den Dielen unterbrochen zu werden.

Für die Schablonentechnik auf neuem, sauberem Holz eignen sich vor allem transparente Farblacke und farbige Holzbeizen, denn sie dringen tief ins Holz ein und heben die Maserung hervor. Bei alten Dielen ist die Oberfläche häufig dunkel und verkratzt, und transparente Farben kommen weniger gut zur Geltung. Hier eignen sich deckendere Acrylfarben. Sie können das Holz jedoch auch abschmirgeln, um eine glattere, sauberere Oberfläche zu erhalten.

Schablonenmuster eignen sich vor allem für Räume, in denen die Muster nicht durch Möbel verdeckt werden. Die größte Wirkung läßt sich mit starken, einfachen Designs erzielen, die häufig auf geometrischen oder traditionellen, folkloristischen Motiven beruhen.

RECHTS: Dieses rhythmische Bordürenmuster beruht auf einem Design von William Morris: Bräunlich-schwarze Blätter werden durch samtrote Fuchsien hervorgehoben.

RECHTE SEITE: Diese Rauten und Dreiecke aus grüner und indigoblauer Beize bilden ein modisches Muster in der Breite einer Diele; die Ecken wurden durch naiv gemalte Blumen akzentuiert.

Wenn Sie ein Design entwerfen möchten, können Sie das eigentliche Fußbodenmuster zu Hilfe nehmen und sich an der Breite der Bretter oder am Blockmuster orientieren. Das Design läßt sich auch speziell auf bestimmte Parkettarten wie Fischgräten- oder Mosaikparkett abstimmen.

Sie können auch aufwendigere Trompe-l'œil-Designs mit Schablonen erstellen und diese mit von Hand gezeichneten oder gemalten Details ergänzen, um einen natürlicheren Effekt hervorzurufen, zum Beispiel einen reich verzierten Orientteppich mit Fransen, bei dem eine Ecke wie zufällig nach oben geschlagen ist. Weitere fröhliche Motive sind beispielsweise ein Mensch-ärgere-dich-nicht-Spiel auf dem Fußboden des Kinderzimmers. Unabhängig vom Design sollte der gesamte Boden zum Schutz mindestens zweimal mit einem klaren, matten Lack behandelt werden.

RECHTS: Dieses dreifarbige Design, das ein klassisches Muster in vereinfachter Form darstellt, bildet eine dynamische Umrandung. Warmes, gelbes Ocker und Persimonenrot runden die wunderschöne Maserung der Bodendielen ab und sorgen für einen frischen, aber unaufdringlichen Effekt.

LINKS: *Ein weißes, gestupftes Motiv, in Vierergruppen angeordnet, verleiht dem Mosaikparkett einen neuen Look.*

RECHTS: *Hier wurden mit einem Pinsel jeweils drei Hähne in Schablonentechnik auf ein Mosaikparkett aus Birkenholz aufgetragen – mit einem dramatischen, fast schon abstrakten Effekt.*

Schablonen schneiden

Eine sorgfältig geschnittene Schablone ist die Grundlage für gute Resultate. Bücher mit Vorlagen auf Schablonenkarton sind überall erhältlich. Sie sollten die Vorlagen gegen Farbe imprägnieren, vor allem, wenn Sie Farben auf Wasserbasis verwenden. Die Schablone kann dann ausgeschnitten und benutzt werden; sie läßt sich problemlos abwaschen und wiederverwenden.

1 Die Schablone mit einer Mischung aus abgekochtem Leinöl und Terpentin (1 : 1) abtupfen, um sie farbsicher zu machen. Zehn Minuten trocknen lassen.

2 Die Schablone mit einem scharfen Teppichmesser (Skalpell) entlang der Zeichnung auf einer speziellen Schneideunterlage ausschneiden.

3 Das Messer in gleichbleibendem Winkel halten und die Vorlage darunter entlangziehen, um saubere Ränder zu erhalten.

4 Saubere Schablonenränder sind entscheidend für die Qualität des Farbauftrags. Daher die Klingen regelmäßig auswechseln.

5 Die Kartonvorlage drehen, damit die Rundungen gleichmäßig werden. Mit einer speziellen Schneideunterlage können Ausrutscher vermieden werden.

OBEN: Bei diesen wunderschönen, warmen Steinfliesen in blassem Honig und Terrakotta kann man das Alter an der sanften Patina erkennen; sie stellen einen perfekten Bodenbelag für den mit vielen Holzmöbeln ausgestatteten Raum dar.

Bodenfliesen

Es gibt zu jedem Raum und jedem Dekor die passenden Bodenfliesen. Robuste Keramikfliesen – mit einer Oberfläche, die Naturstein ähnelt, einfarbig oder auch in vielen verschiedenen Mustern – verleihen dem Fußboden einen eigenen, unverwechselbaren Charakter. Sie sind vor allem in wärmeren Ländern beliebt, wo Mosaikfliesen aus Stein oder Keramik nicht nur eine dekorative Funktion haben, sondern willkommene Kühlung bieten. Einfache quadratische Fliesen bilden durch die Anordnung ihrer Fugen ein Gittermuster. Dieser Effekt läßt sich je nach Breite der Fugen fast gänzlich verbergen oder aber betonen. Außerdem können die Fugen ebenfalls eine dekorative Funktion übernehmen, beispielsweise durch Fugenfüller in kontrastierenden Farben oder auch durch Einschlüsse in der Fugenmasse. Marmor, der in einer großen Bandbreite an Farben erhältlich ist, läßt Fußböden oft vornehm und streng wirken und besitzt poliert ein Finish, das an Glas erinnert. Granit, Kalkstein und Schiefer haben eine weniger ausgeprägte Farbgebung und sind sehr pflegeleicht. Ihre dezenten, neutralen Farben schmeicheln dem ganzen Raum.

OBEN: Dieses Schachbrettmuster aus alten roten und braunen Sandsteinfliesen wurde liebevoll poliert; die Farben leuchten mit der Zeit immer stärker.

LINKS: Glatte Steinplatten mit breiten Fugen, mit Politur versiegelt, bilden einen charaktervollen Fußboden, dessen Farbe sich im Stoff des Vorhangs wiederholt.

Dekorierte Möbel

Ein schön dekorierter Raum verdient ebenso schöne Möbel. Ob schlicht, unbehandelt, alt oder abgenutzt – jedes Möbelstück läßt sich mit einem dekorativen Finish, vielleicht sogar nur einem sorgfältig aufgetragenen Anstrich zu neuem Leben erwecken.

Ein solches Dekorationsprojekt kann in einer aufwendigen Neugestaltung einer ganzen Möbelgruppe oder auch nur im schnellen, einfachen Lifting für einen angeschlagenen Lieblingsstuhl oder -tisch bestehen.

LINKS: Ein Eckschrank, eine Anrichte und ein Geschirrständer wurden mit gedämpftem Grün und Türkis getüncht. Die Farbe wurde dann leicht aufgebrochen – ein herrlicher Hintergrund für das Porzellan.

RECHTS: Die Pfirsiche auf diesem Klapptisch wurden mittels Schablone über zartgetünchtes Cremeweiß und Mandelgrün getupft.

LINKS: Ein schlichtes Schränkchen wird dramatisch gestaltet. Die Türen sind mit cremiger Eierschalenfarbe über kalkigem Blau grob maseriert – ein beeindruckender Effekt.

LINKE SEITE: Aufgezeichnete und in sanftem Pastell ausgemalte Putten verschönern dieses grün getünchte Schränkchen.

OBEN: Eine sorgfältig aufgemalte Umrandung auf dieser Schubladenfront wird durch schablonierte Kordeln und Troddeln betont – eine einfach durchzuführende und sehr originelle Dekoration.

Effekte durch Malerei

Viele Möbelstücke haben glatte Flächen, die förmlich nach einer Dekoration verlangen. Mit Malerei läßt sich jedes gewünschte Resultat erzielen, seien es einfache Farbmuster oder realistische Bilder.

Jede Fläche sollte vor dem Dekorieren mit Sandpapier abgeschmirgelt werden. Dadurch werden eventuelle Unebenheiten geglättet, und bei bereits gestrichenen, polierten oder lackierten Möbeln wird so die Oberfläche abgeschliffen und vorbereitet, damit eine neu aufgetragene Farbgrundierung gut haften kann. Man kann sich zum Beispiel von Zeitschriften und Büchern anregen lassen und die gewünschten Bildmotive anschließend auf das Möbelstück pausen und dann ausmalen.

RECHTS: Diese Anrichte wurde in der Durchziehtechnik bearbeitet; der Korpus wurde einmal, die Fronten jeweils senkrecht und waagerecht durchzogen.

RECHTE SEITE: Filigrane, stilisierte Vögel und Bäume vor einem antikisierenden Hintergrund zieren die Türfronten dieses graugrünen Schränkchens.

OBEN: Die Schubladenfront dieser Kommode wurde mit der Wickeltechnik in mehreren ähnlichen Farbschattierungen behandelt.

Sie können das ganze Spektrum von Anstrichtechniken verwenden, um Möbel zu verschönern, und dabei unterschiedliche Techniken kombinieren.

Verschiedene Möbelteile können unterschiedlich behandelt werden – das gilt zum Beispiel für die Schubladen einer Kommode oder die Türfronten eines Schrankes. Bei Möbelgarnituren wie bei einem Eßzimmertisch mit Stühlen kann die Dekoration aufeinander abgestimmt oder kontrastierend sein – zum Beispiel, indem Tischfläche und Sitzfläche gleich und alle Tisch- und Stuhlbeine in leicht unterschiedlichen Texturen oder eng verwandten Farbtönen gestrichen werden. Wählen Sie Effekte und Farben sorgfältig aus, denn sonst wirkt eine Dekoration schnell überfrachtet. Farben mit derselben Intensität und Schattierung passen hierbei gut zusammen.

OBEN: Diese kleine Truhe ist von Kapuzinerkresse in Orange umkränzt. Das Motiv wurde mit der Schablone in Acrylfarben auf einen frei gemalten Hintergrund aus blassem Grau aufgetragen.

Schablonieren auf Möbeln

Kleine, leicht tragbare Möbelstücke – Truhen, Beistelltische oder Hocker – werden durch eine schablonierte Dekoration zu kleinen Raritäten. Einfache oder stilisierte Schablonenmotive bilden wundervolle Friese und Bordüren, und Oberflächen, die mit sich wiederholenden Motiven übersät sind, verhelfen unscheinbaren Möbeln zu neuem Leben. Ein einzelnes Bild kann, vielleicht im Zusammenwirken mit anderen Möbelstücken, einem Raum eine völlig neue Dimension verleihen.

OBEN: Hier wurden mit der Schablone zwei Putten mit Fanfare an die beiden Enden eines bereits vorhandenen Abziehbildes einer Rosengirlande gemalt.

OBEN LINKS: Diese wundervoll gearbeitete Bordüre ist eine erlesene Dekoration für einen schwarzen Tisch in einem eleganten Eßzimmer.

LINKS: Diesen stabilen Küchentisch ziert ein mit der Schablone aufgetragenes, lebhaftes Muster aus Zitronenzweigen.

Bemalte Möbel sind ganz besonders ansprechend, denn die Dynamik und Energie der Farben lassen ansonsten eher robust und schwer erscheinende Möbelstücke fröhlicher und leichter wirken. Die sauberen, klaren Ränder und das kontrollierte, wiederholbare Muster von Schablonen verleiht gemalten Dekorationen eine gewisse Ordnung. Durch die Kombination verschiedener Schablonen können Sie kompliziertere Muster auf große und komplexe Möbelstücke auftragen, indem Sie die Schablonenmotive in verschiedenen Gruppierungen oder einzeln verwenden.

Für das Schablonieren von Möbeln im Freien können Farben auf Ölbasis verwendet werden. Holzbeizen eignen sich ebenfalls für diese Technik, jedoch müssen Sie bei einigen Beizarten die erste Schicht versiegeln, um eine ungleichmäßige Vermischung mit den folgenden Schichten zu verhindern. Sie können auch das gesamte Design nach der Fertigstellung versiegeln. Holzbeizen für den Garten sind in einer großen Bandbreite in natürlichen Holztönen erhältlich, zunehmend auch in einer Vielzahl bunter Farben.

Wie immer hängt auch hier das Ergebnis der Schablonentechnik von einer sorgfältig ausgeschnittenen Schablone und einem gekonnten Farbauftrag ab.

RECHTS: Dieser Schaukelstuhl wirkt durch die auf die Sitzfläche schablonierten Blumen, deren Element sich auf der Lehne wiederholen, traditionell.

RECHTE SEITE: Hier wurden für die schmuckvolle Verzierung einer Holzbank drei Schablonenmotive in intensiven Farben kombiniert.

Kälken

UNTEN: *Ein durch Kälken erzeugtes Finish verleiht diesen modernen Küchenschränken einen gemütlichen, leicht abgenutzten Look, der ihre sanften Farben und die hübsche Maserung betont.*

Es gibt mehrere Dekorationstechniken für Holz, bei denen die natürliche Maserung hervorgehoben wird. Beim Kälken wird ein alter Brauch nachgeahmt, bei dem Möbel aus Holz mit verdünntem gelöschten Kalk gebleicht wurden, der beim Streichen der Wände eines Hauses übriggeblieben war. Heutzutage wird kein gelöschter Kalk mehr verwendet, sondern Weißwachs (eine Mischung aus Bienenwachs und Schlämmkreide). Der helle Effekt wirkt am besten auf Holz starker, möglichst linearer Maserung, zum Beispiel Eiche.

Durch das Kälken erhalten schwere, dunkle alte Möbel ein frisches Aussehen. Sie können dieselbe Technik auch auf hellerem Holz anwenden, wodurch ein anderer Kontrast entsteht, oder mit Farbpigmenten angereichertes Wachs verwenden, um die Maserung mit Schwarz oder vielleicht einem tiefen, erdigen Rot zu betonen.

LINKS: *Hier wurde die düstere Politur abgekratzt und der Schrank gekälkt, um so die solide Textur des Eichenholzes offenzulegen.*

Kälken

Das Kälken ist ein sehr einfacher Prozeß, und dennoch ist eine sorgfältige Vorbereitung für ein gutes Ergebnis sehr wichtig. Wenn Sie alte Möbel mit diesem Verfahren behandeln wollen, müssen diese von allen Versiegelungs- und Politurresten befreit werden. Auch bei neuem Holz sollten Sie die Oberflächen sauber und glatt abschmirgeln.

1 Mit der Drahtbürste in Richtung der Maserung arbeiten, um weiches Holz zu entfernen.

2 Das Weißwachs großzügig mit feiner Stahlwolle auftragen (mit und gegen die Maserungsrichtung).

3 Alles 30 Minuten ruhen lassen, dann das Weißwachs mit Stahlwolle und Wachspolitur entfernen.

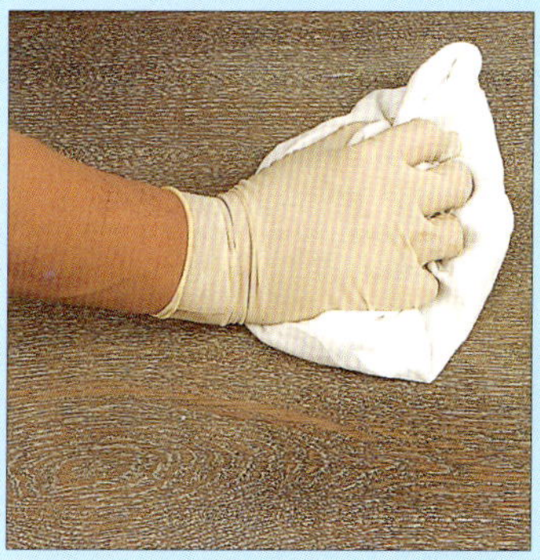

4 Die Oberfläche mit einem weichen Baumwolltuch polieren; von Zeit zu Zeit mit klarem Wachs wiederholen.

Wachsen, Maserieren und Beizen

Die natürliche Maserung von Holz kommt am besten bei einem klaren Finish zur Geltung. Bienenwachs erzeugt einen satten, sanften Schimmer. Wachse können mit Farbpigmenten versetzt sein. Sie heben den natürlichen Ton des Holzes hervor oder werden in die Maserung und die Kerben eines Möbelstücks eingerieben und anschließend poliert, wobei Farbreste im Holz verbleiben.

Bei Hölzern, die nur eine schwache Maserung haben, können Sie durch künstliches Maserieren die Oberflächentextur interessanter gestalten. Diese Technik wird außerdem verwendet, um bestimmte Hölzer, wie Vogelaugenahorn, Ulme mit Knollenmaserung oder Walnuß, zu imitieren. Dazu werden Lasuren aufgetragen und anschließend in dem jeweiligen Muster der Maserung durchzogen.

Beizen können in mehreren Schichten aufgetragen und dann abgeschmirgelt werden, um darunterliegende Schichten oder sogar das Holz selbst bloßzulegen.

OBEN: *Ein neuer, ungestrichener Stuhl wurde erst rosa, dann grün gebeizt und anschließend so abgeschmirgelt, daß das Rosa an einigen Stellen wieder sichtbar wird.*

LINKS: *Diese Schnitzerei zeigt deutlich die leuchtenden Beizfarben, die in mehreren Schichten aufgetragen und dann abgeschmirgelt wurden, um ein üppiges, buntes Finish zu erreichen.*

OBEN: Das Kopfteil dieses Holzbettes wurde zunächst von seiner dicken, dunklen Lackierung befreit und dann mit einer Schicht Weißwachs bedeckt.

LINKS: Bei diesem Spiegelrahmen aus Kiefernholz wurde mit kreisenden Pinselbewegungen und aufgetupften Lasurschichten die Maserung von Vogelaugenahorn imitiert.

Antikisieren

Die meisten Methoden für das »Ältermachen« von Möbeln bestehen darin, Farbschichten aufzutragen und anschließend wieder abzuheben bzw. aufzubrechen – durch Schmirgeln, Polieren und auch durch Schlagen. Krakelee-Lasuren enthalten ein spezielles Bindemittel, um den Eindruck von abblätternder Farbe zu erzeugen, während bei der Reißlacktechnik die Rißbildung durch die Kombination zweier unterschiedlicher Lackarten entsteht. Die behandelte Oberfläche kann dann noch mit farbigem Wachs überzogen und poliert werden.

Eine wichtige Voraussetzung für ein gelungenes Ergebnis ist eine sauber abgeschmirgelte Oberfläche. Wenn Sie die Antikisierungstechnik auf Möbel anwenden, die im Stil einer bestimmten Epoche dekoriert sind, können Sie sehr eindrucksvolle Resultate erzielen.

RECHTS: Der leichte, italienisierende Charakter dieses Stuhls wurde dadurch erreicht, daß in nasse Farbe ein Muster geschnitten und die Farbe von den Einkerbungen entfernt wurde, um die darunterliegende Goldschicht offenzulegen.

LINKS: *Die Kanten dieser grob in gebrochenem Weiß und an den Griffen leicht blau gestrichenen Kommode wurden mit Vergoldungspaste auf Terrakotta behandelt, dann rundum mit transparentem Braun gewachst und auf leichten Glanz poliert.*

Krakelee

Bei der Reißlacktechnik wird ein Lack auf Ölbasis auf eine Grundierung aufgetragen. Sobald der Lack griffest ist, wird er mit einem schneller trocknenden, wasserbasierten Lack überzogen, wobei die unterschiedliche Trockendauer die zweite Schicht zum Reißen bringt. Hier wurde eine Krakelee-Lasur über Latexfarbe (Emulsion) verwendet.

1 Die Oberfläche schmirgeln und grundieren, dann mit Latexfarbe streichen. Für ein glattes Finish die Schichten leicht abreiben.

2 Ist die Grundfarbe getrocknet, eine dünne Schicht Krakelee-Lasur auf die Türfüllung auftragen und anschließend trocknen lassen.

3 Die Latexfarbe auftragen, die Füllung dabei als letztes streichen. Zügig arbeiten, da die Farbe auf den Fronten schnell rissig wird.

4 Wenn die oberste Schicht trocken ist, leicht mit Sandpapier wieder abschmirgeln, um einen abgenutzten Effekt zu erzielen.

5 Die Flächen mit stark verdünnter brauner Farbe und Stahlwolle abreiben, so daß sie leicht getönt und aufgebrochen wird.

Vergoldete Möbel

UNTEN: Diese einfache Schubladenkommode wurde völlig verwandelt. An die Farben der Tiefsee erinnerndes, sandfarben gesprenkeltes Blau und Türkis werden von Blattgold, das aufgrund der unregelmäßigen Oberfläche von Bläschen durchzogen ist, »überschwemmt«.

Ein bescheidenes Möbelstück erhält durch Vergolden einen gewissen Glanz, einen Hauch von Luxus und Extravaganz. Gold kann auf die meisten Materialien aufgetragen werden und ist in verschiedenen Formen erhältlich. Am stärksten glänzt dünn geschlagenes, echtes Blattgold, unechtes Blattgold oder Kupfer in Blattform sind aber ausgezeichnete Alternativen. Blattmetalle werden mit Hilfe von Vergolderleim angebracht, einem speziellen Klebstoff, der beim Trocknen transparent wird. Aus feingemahlenen goldfarbenen Metallen gewonnene Bronzepuder werden ähnlich aufgetragen: Der Leim wird damit bestäubt. Vergoldungspasten oder -wachse sind gebrauchsfertige Mischungen, die einfach mit dem Pinsel oder den Fingern aufgetragen werden und nach dem Trocknen poliert werden. Jede Vergoldung – außer die mit echtem Gold – beschlägt mit der Zeit und sollte deshalb mit Klarlack behandelt werden.

OBEN: *Um diesen buntscheckigen Effekt aus gebrochenen, herbstlichen Goldtönen zu erreichen, wurde Leim mittels einer Schablone aufgerollt und anschließend mit Bronzepuder bestäubt.*

LINKS: *Durch das Muster, das mit Hilfe eines Korkens durch die nasse weiße Farbe gezogen wurde, kommt das schimmernde Blattgold auf den Schubladen dieser kleinen Kommode zum Vorschein.*

Möbeldekoration mit Découpage-Arbeiten

Die Découpage-Technik eignet sich für die Dekoration von Möbeln, denn sie läßt sich an alle möglichen Formen anpassen, angefangen vom Stuhlbein bis zum Kopfteil eines Bettes.

Eine sauber ausgeführte Découpage-Arbeit ist äußerst haltbar und eignet sich deshalb auch für so stark beanspruchte Möbel wie Tische und Stühle. Die Oberfläche sollte idealerweise absolut glatt sein, und die Kanten der ausgeschnittenen Motive dürfen nicht fühlbar sein. Dies können Sie dadurch erreichen, daß Sie mehrere Schichten klaren Firnis oder Klarlack auftragen und diesen jeweils vor dem Auftrag der nächsten Schicht mit sehr feinem Feuchtschmirgelpapier abschmirgeln, wodurch ein glasähnliches Finish entsteht. Natürlich kann der Effekt ebenso schön sein, wenn die Textur der Papiercollage sichtbar bleibt. Nicht nur ältere, sondern auch zeitgenössische Découpage-Motive auf Möbeln haben eine Vitalität und Direktheit, die sehr ansprechend ist.

LINKS: Die farbige, aufgebrochene Tünche bietet einen lebhaften Hintergrund für grob ausgeschnittene Bilder, deren sorgfältig ausgewählte Farben viel Energie ausstrahlen.

LINKE SEITE: Sanfte Landschaftsfarben bilden einen wie gemalt wirkenden Hintergrund für diese ländliche Szene aus dem 18. Jahrhundert, die von der Kerbe im Kopfteil des Bettes auf elegante Weise eingerahmt wird.

OBEN: Dieses von einer Webborte eingefaßte Kopfteil eines Bettes wurde mit Découpage-Motiven verziert. Portraits, Tiere, Manuskripte und Blumen – alles in einer farbenprächtigen Mischung.

LINKS: Die Vögel und Malachit-Täfelchen auf dem Geschenkpapier wirken fast wie eine Einlegearbeit – eine Imitation der Lackmöbel des 18. Jahrhunderts.

LINKE SEITE: Diese Tafeln mit ihren gotisch gewölbten Oberseiten formen einen tragbaren Paravent im klassischen Découpage-Stil.

Kindermöbel

Farben sind wahrscheinlich das erste, was Kinder wahrnehmen, wenn sie etwas betrachten. Möbel für Kinder sollten daher funktional, bunt und vor allem fröhlich sein.

Die meisten Kinderzimmermöbel müssen einiges aushalten, so daß Farbanstriche sowohl beständig als auch einfach zu reinigen sein sollten. Eine Kommode muß unter Umständen auch als Klettergerüst oder als Lokomotive herhalten – ein Grund mehr, sie entsprechend vorzubehandeln. Kleine Kinder neigen dazu, alles Mögliche in den Mund zu stecken, und deshalb sollten ihre Möbel vorsichtshalber mit ungiftigen, bleifreien Farben behandelt sein.

Für ein Kinderzimmer sind starke, leuchtende Farben ideal. Klare Farben passen gut zusammen und bilden einen idealen Hintergrund für das Durcheinander aus Spielzeug und Kleidung. Auch Techniken wie Schablonen oder Découpage sorgen für viel Spaß, wenn dafür einfache Muster und Bilder von Spielzeugen oder fiktive Figuren verwendet werden.

UNTEN: *Eine große Holztruhe in kräftigem, glänzendem Blau-Gelb eignet sich perfekt als Spielzeugkiste.*

OBEN: In einem gemeinsamen Schlafzimmer helfen verschiedenfarbige Schubladen, Sachen schnell wiederzufinden.

LINKS: Eine klotzige Garderobenleiste wurde liebevoll mit Hunden und einem Knochen schabloniert.

Leitfaden

Mit Ausdauer und Phantasie, guten Materialien, einer guten Ausrüstung und nicht zuletzt mit Begeisterung und Experimentierfreude lassen sich die besten Ergebnisse erzielen. Eine kleine Hilfe soll dieser Leitfaden für Materialien und ihr Zusammenwirken sein. Auf den folgenden Seiten finden Sie einige Beispiele für die verschiedenen Arten von Farben und Anstrichstoffen sowie Informationen über Beizen, Wachse und Lacke.

LINKS: *Durch Effektanstriche, Découpage, Vergoldung oder Antikisierung erzielen Sie unzählige prächtige Dekorationen.*

RECHTS: *Startbereit – die Farbe ist frisch angerührt, ein sauberer Pinsel und ein scharfes Messer liegen bereit. Beim Dekorieren mit Farbe wirklich gute Materialien zu verwenden, ist schon an sich ein Genuß.*

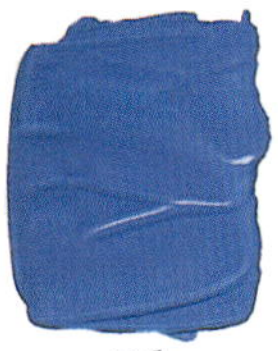

Blau

Rot

Gelb

Weiß

Anstrichfarben und Farbmischungen

Zu Beginn eine kurze Farblehre: Die Primärfarben sind Rot, Gelb und Blau. Aus ihnen lassen sich, zusammen mit Weiß und Schwarz, die meisten anderen Farben mischen. Es gibt warme Farben (Sonnengelb, Orange, Rot, Purpurrot) und kalte Farben (Blauviolett, Blau, Grün, Zitronengelb). Farben von derselben Temperatur (warm oder kalt) oder derselben Tönung (hell oder dunkel) harmonieren; Komplementärfarben, zum Beispiel Sonnengelb und Blauviolett, sowie Farben mit gegensätzlicher Temperatur oder Tönung können zur Hervorhebung oder als Kontrast verwendet werden.

Orange (Gelb und Rot) plus Weiß ergibt ein blasses Orange.

Starkes Dunkelrot plus Weiß ergibt Altrosa.

Hellrot (Rot und Gelb) plus Weiß ergibt Terrakotta.

Blau plus Weiß ergibt ein blasses Eisblau.

Grün (Blau und Gelb) plus Weiß ergibt Pistaziengrün.

Gelb plus etwas Rot ergibt helles Orange.

Rot plus etwas Gelb ergibt Terrakottarot.

Rot plus Blau ergibt mattes Purpur.

Purpur (Rot und Blau) plus Weiß ergibt zartes Lila.

Grün (Blau und Gelb) plus Rot und Weiß ergibt Beige.

Gelb plus etwas Blau ergibt Lindgrün.

Blau plus etwas Gelb ergibt Blaugrün.

Blau plus etwas Rot ergibt Indigoblau.

Purpur (Rot und Blau) plus Gelb und Weiß ergibt Taupe.

Orange (Gelb und Rot) plus Weiß und Blau ergibt Olivgrün.

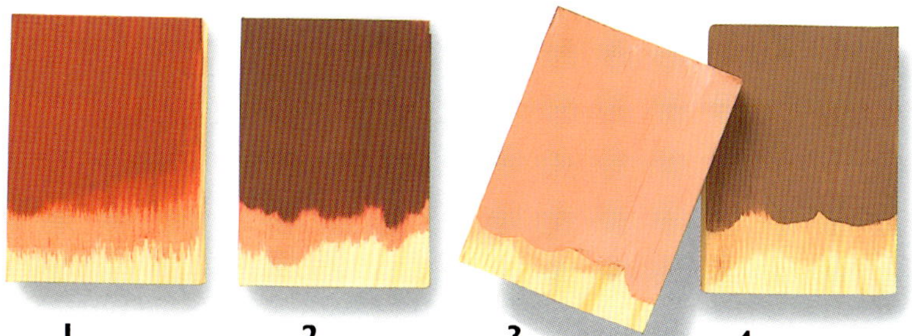

1 2 3 4

LINKS: Rottöne **1** *Tiefrot; eine intensive, klare Farbe, warm, tief* **2** *Indischrot; warm, mit Umbra abgetönt* **3** *Altrot; mit Weiß deckender und heller* **4** *Terrakotta; warm, bräunlich; tiefe Rottöne treten optisch zurück, Kontrast zu Grüntönen*

RECHTS: Blautöne **1** *Spektralblau; klares, »neutrales« Blau, warm* **2** *Zartblau; warmer, dichter Pastellton* **3** *Graublau; durch Weiß heller, durch Schwarz etwas kälter* **4** *Preußischblau; intensiv, grünlich*

1 2 3 4

1 2 3 4

LINKS: Gelbtöne **1** *Goldgelb; tritt optisch hervor, klar, kalt* **2** *Gelbes Ocker; wird mit Braun »schmutziger«, sanft, warm* **3** *Siena natur; natürliche, erdige Farbe, warm, neutral* **4** *Olivfarbenes Khaki; grün-braun*

RECHTS: Grüntöne **1** *Preußischgrün, intensives, kaltes Blaugrün* **2** *Mittelgrün; kalt, durch Blau gedämpft* **3** *Graugrün; durch Weiß deckender und heller* **4** *Dunkles Olivgrün, warmes, bräunliches Grün*

1 2 3 4

1 2 3 4

LINKS: Brauntöne **1** *Helles Sepia; kalt, neutral* **2** *Blasses Siena; rötlich, mit Weiß aufgehellt* **3** *Gebranntes Siena; sattes, natürliches Rotbraun, warm* **4** *Dunkelbraun; tief, klar, warm*

RECHTS: Neutrale Töne **1** *Gebrochenes Weiß; kalt, graustichig, deckend* **2** *Kühles Grau; Zusatz von Sepia* **3** *French grey; Zusatz von rötlichem Braun, warm* **4** *Paynes Grau; intensiv, blauschwarz, kalt*

1 2 3 4

Effektanstriche

Die durch Anstriche erzielten Effekte unterscheiden sich nicht nur in der Textur, auch verschiedene Farbkombinationen lassen die einzelnen Techniken immer wieder anders aussehen. Das Zusammenwirken einfacher Umkehrungen, wie hell auf dunkel neben dunkel auf hell, sorgt in einer Dekoration für Abwechslung. Techniken können auffällig oder dezent wirken, je nach Stärke oder Schwäche der verwendeten Farbkontraste. Die hier aufgeführten Beispiele geben ein paar farbliche Anregungen.

Starke Kontraste wirken dramatisch und lassen das Muster einer Anstrichtechnik deutlich erkennen. Interessante Effekte lassen sich auch durch mehrere Musterschichten erzielen, wobei nicht notwendigerweise dasselbe Muster wiederholt wird. Auffällig gemusterte Effekte machen sich gut über kleinformatigeren Texturen, zum Beispiel Stoffballentechnik über Farbtünche oder Schwammtechnik auf einem gestupften Grundanstrich.

1 2 3 4

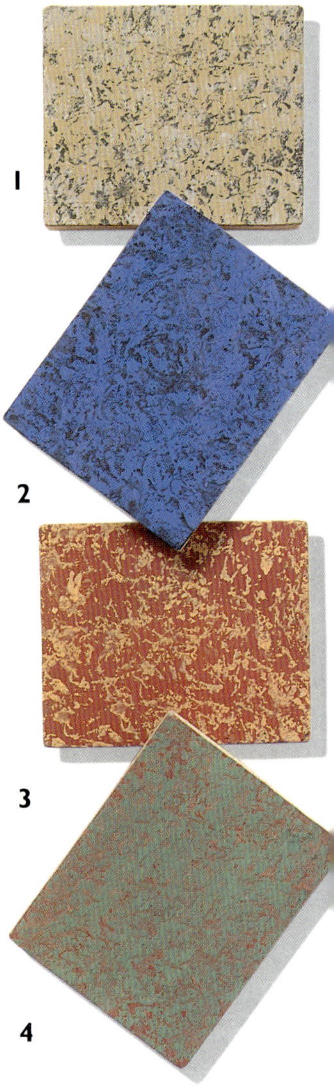

OBEN: *Schwammtechnik*
1 *Dunkelgrün und Stein über Gelbbraun* **2** *Schwarz über Blau* **3** *Ocker auf sattem Rot* **4** *Rot über Grün*

1 2 3 4

LINKS: *Durchziehtechnik*
1 *Klassisch – dunkles auf hellem Grün* **2** *Terrakotta über Rosa* **3** *Durchscheinendes Weiß auf Lack* **4** *Transparentes Schwarz über Ziegelrot*

1 2 3 4

OBEN: *Farbtünchen*
1 *Dunkles, transparentes Grün auf glänzendem Guignetgrün* **2** *Grau über weichem Pilzbraun* **3** *Bernstein und Cremeweiß in ähnlicher Tönung* **4** *Kobaltblau über hellem Kobalt*

UNTEN: *Dekoratives Maserieren*
1 *Fast natürlich wirkendes, transparentes Braun mit dunkelbrauner Maserung*
2 *Hell- auf Dunkelblau, Moiré-Seiden-Effekt*
3 *Frisches Grün auf Gelb, ein starker Kontrast*
4 *Kräftige Rosatöne, dunkel auf hell*

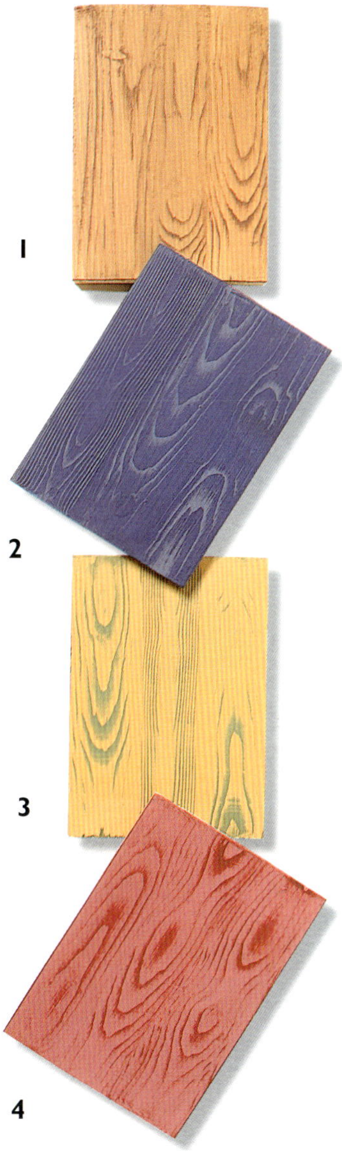

1 2 3 4

1 2 3 4

OBEN: *Stoffballentechnik*
1 *Dunkelrot, durchzogen auf zartem Perlgrau* **2** *Flaschengrün, durchzogen auf einem Grund aus Mintgrün und Guignetgrün* **3** *Ocker über Terrakotta, eine üppige, orientalische Farbgebung*
4 *Kühles Dunkelblau auf Weiß*

UNTEN: *Frottage*
1 *Marineblau auf Rot, eine intensive Kombination*
2 *Zarte Wellen aus durchscheinendem, gebrochenem Weiß über blassem Eisblau*
3 *Tiefgrün über Türkis, ähnlich wie Malachit*
4 *Dramatisches Scharlachrot über Preußischgrün*

1 2 3 4

1 2 3 4

OBEN: *Stupftechnik*
1 *Tiefes Ultramarin über sattes Altrosa gestupft*
2 *Ein sanftes, mediterranes Blau, gestupft über blassem Zitronengelb, warm und samtig* **3** *Tiefes, warmes Kirschrot auf gebranntem Orange* **4** *Düsteres, dunkles Grün auf Mittelgrün*

Beizen und Streichen von Holz

Farbe eignet sich ausgezeichnet zum Versiegeln, als Schutzschicht und zum Ausgleichen unebener Stellen. Die meisten Farben auf Öl- oder Wasserbasis sind deckend. Verdünnte Farbe dringt in das Holz ein und bildet so einen guten Voranstrich für ein undurchsichtiges Finish. Sie eignet sich auch ideal für gebrochene Farbeffekte, bei denen zum Teil auch das Holz durchscheint. Bei Holzbeizen, die auf Wasser oder Lösungsmitteln basieren, handelt es sich um einen transparenten Anstrich, der tief ins Holz eindringt. Die Farbe von transparenter Beize ist abhängig von der Art des verwendeten Holzes. Auf hartem Holz leuchtet sie weniger intensiv als auf hellem Weichholz wie Kiefer. Sie können Farbe über einer Beize auftragen und diese dadurch verdecken. Über einen Effektanstrich aufgetragene Beize wirkt sich auf die Farbe von Anstrich und Holz aus.

1 2 3 4

OBEN: Aufbrechen von Farbanstrichen auf Kiefer **1** *Graue Latexfarbe, abgewischt und abgeschmirgelt* **2** *Kalkige, blaue Latexfarbe, gebrochen* **3** *Abgeschmirgelte Terrakotta-Eierschalenfarbe* **4** *Sehr blasses Blau, gebrochen*

1 2 3 4

GANZ LINKS: Moderne Beizen auf Birke **1** *Unbehandelt, ungebeizt, ein blasses Rosa* **2** *Verdünnte blaue Beize* **3** *Teak, Beize auf Wasserbasis* **4** *Rote Beize auf Wasserbasis*

1 2 3 4

LINKS: Das Kiefernholz zeigt sich unter der Farbe. **1** *Verdünnte, grüne Eierschalenfarbe* **2** *Hellblaue Latexfarbe* **3** *Weiße Latexfarbe* **4** *Verdünntes Dunkelrot*

OBEN: **1** *Kiefer, Grün auf Wasserbasis* **2** *Mahagoni, gebeizt, versiegelt* **3** *Mahagoni, dunkle Beize auf Ölbasis*

UNTEN: **1** *Kiefer, schwarzes, gemaltes Design, Versiegelung auf Ölbasis* **2** *Mit Acryl gemaltes Muster auf Kiefer, mit Acryl versiegelt* **3** *Mahagoni, Beize auf Wasserbasis, Versiegelung auf Wasserbasis*

OBEN: **1** *Kiefer, verdünnte, blaue Farbe auf Wasserbasis* **2** *Kiefer, klar, versiegelt* **3** *Mahagoni, Muster in blauer Farbe auf Wasserbasis, Versiegelung auf Ölbasis*

UNTEN: **1** *Kiefer, mit Farbe auf Wasserbasis schabloniertes Design, klar versiegelt* **2** *Schwarze Beize über roter Beize auf Mahagoni* **3** *Mahagoni, gebeizt und mit leicht pigmentierter Versiegelung auf Ölbasis versehen*

LINKS: *Beispiele für helle Kiefer und dunkleres Mahagoni. Horizontale Farbanstriche wurden mit vertikalen, gebeizten Streifen überlagert, wodurch die Effekte verschiedenfarbiger Beizen auf einfachem Holz und auf hellen und dunklen Farbanstrichen deutlich wird. Beize hat einen größeren Effekt bei hellem Holz und hellen Farbanstrichen.*

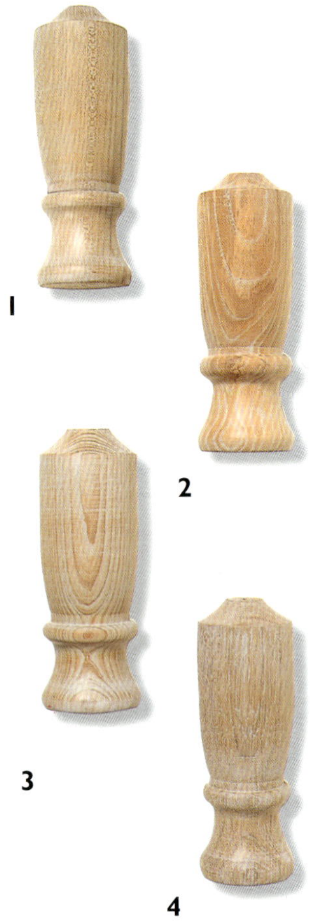

OBEN: **1** *Gekälkte Ulme* **2** *Weißwachs auf Esche* **3** *Kiefer, gekälkt und poliert* **4** *Weißwachs auf kleingemaserter Eiche*

Wachsen

Der sanfte Glanz gewachster Möbel paßt zu allen Dekorationsstilen und -epochen. Das Polieren mit Wachs eignet sich vor allem für Holz, denn es bringt Farbe und Muster der Maserung zur Geltung und sorgt für ein zartes, leicht glänzendes Finish, das sich angenehm glatt anfühlt und auch für Farbanstriche auf Holz- oder Metallmöbeln geeignet ist.

Synthetische und natürliche Wachse können für alle möglichen dekorativen Zwecke genutzt werden. Neben klarem Wachs und den hellen, natürlich getönten Wachsen, wie Bienenwachs als schützende Politur, gibt es weiche, farbige Wachse in passenden Holztönen für Finish- und Restaurierungszwecke sowie dunkle Wachsarten für antikisierende Effekte, die tief in Holzmaserung und Mulden eingearbeitet werden. Weißwachs, eine Mischung aus Bienenwachs und Schlämmkreide, wird zum Kälken verwendet. Wenn man klares Wachs mit beliebigen Farbpigmenten tönt, erhält man farbige Wachse, die man entweder direkt oder mit der Schablone auftragen kann, um interessante Effekte zu erzeugen oder bei Techniken wie dem Kälken Farbvariationen zu ermöglichen.

Ein gewachstes Finish ist nicht unbedingt beständig, aber ziemlich wasserfest; durch gelegentliches Neuwachsen und Polieren läßt es sich immer wieder in Form bringen. Durch eine Behandlung mit Wachs werden Möbel zwar nicht ganz so robust wie solche, deren Oberflächen mit Lack oder harter Farbe behandelt wurden, aber sie erhalten ein sanftes, glänzendes Finish, das nicht nur schön aussieht, sondern auch einen leichten, sehr angenehmen Duft verströmt.

LINKS: Dank des leichten Glanzes und der geringen Farbveränderung ist klares Wachs eine gute Wahl für Holz und Möbel. Sein schimmerndes Finish glänzt weniger stark als Glanzlack und ist lebhafter als Mattlack. Es ist nicht ganz so widerstandsfähig, bietet aber dennoch einen gewissen Oberflächenschutz.

LINKS: Was Schutz und Glanz angeht, so besitzt dunkles Wachs dieselben Eigenschaften wie klares Wachs. Es wird zur Antikisierung verwendet und in die Oberflächen und Mulden von Möbelstücken und anderen dekorativen Details eingearbeitet und anschließend poliert, um Schmutzrückstände zu imitieren.

LINKS: Ein Kiefernbrett mit horizontalen Farbstreifen (von oben nach unten: Hellblau, gebrochenes Weiß, Olivgrün, Dunkelrot und unbehandelte Kiefer), überlagert mit vertikalen Streifen aus verschiedenen Wachsen (von links nach rechts: unbehandelt, Klarwachs, rötliches Wachs, gelbes Wachs, mittelbraunes Wachs, dunkles Wachs und blaugetöntes Klarwachs) zeigt die Wirkung verschiedener Wachsarten auf verschiedenen Anstrichen.

1

2

3

4

Lacke

Lack ist das herkömmliche Finish für Holz. Lack auf Ölbasis, der in vielen Farben von blassem Gelb beinahe bis Schwarz erhältlich ist, ist flexibel und haltbar und eignet sich sowohl für altes wie auch für neues Holz. Zudem bietet er Schutz vor Sonnenlicht. Der leichte Gelbstich, den herkömmlicher Lack mit der Zeit annimmt, läßt die darunterliegenden Farben satter und tiefer wirken. Die meisten herkömmlichen Lacke auf Ölbasis müssen mehrere Stunden lang trocknen, mit Ausnahme von Schellack, der aus denaturiertem Alkohol (Brennspiritus) hergestellt wird und in wenigen Minuten trocknet. Schellack eignet sich sehr gut als wasserfeste Versiegelung, ist jedoch etwas spröde.

Moderne Acryllacke auf Wasserbasis trocknen schneller als Lacke auf Ölbasis. Sie sind auch farblos erhältlich und eignen sich daher hervorragend für saubere, helle Oberflächen, die ihre Farbe beibehalten sollen. Die meisten Lacke sind in Glanz-, Seidenglanz- oder Seidenmattqualität sowie als Mattlack erhältlich, obwohl es schwierig ist, einen wirklich matten Lack auf Ölbasis zu finden. Alle Lackarten lassen sich mit Pigmenten oder Ölfarbe färben, und es gibt ein wachsendes Angebot an farbigen, fertig gemischten Lacken, auf Wasserbasis und schnelltrocknend, mit denen sich interessante vielfarbige, mehrschichtige Effekte erzeugen lassen. Kräftige, klare Farben können untereinander gemischt werden und auch als Lasuren für dekorative Effektanstriche dienen.

LINKS: Farblacke **1** *Eiche, Karos in Terrakotta, Blau, Grün und Purpur* **2** *Blaß wirkendes Platanenholz schimmert durch Karos aus Braun, Blaßrosa, Grün, Malve und Blau.* **3** *Das intensive Muster und die kräftige Farbe der Pechkiefer paßt zu diesen Blau-, Terrakotta- und Grüntönen.* **4** *Auf rotem, feingemasertem Mahagoni sieht man, daß gedämpfte Farben durch Weiß und Blau intensiviert werden.*

LINKS: *Klarer Acryllack auf Wasserbasis sorgt für eine ausgezeichnete Schutzschicht. Er vergilbt nicht und ist so elastisch, daß er kaum abblättert. Seidenglanz- oder Seidenmattlack erzeugt ein dezentes, satiniertes Finish.*

LINKS: *Matter Acryllack bewirkt ein mattes Finish. Lack auf Ölbasis ist nur leicht glänzend, trocknet langsamer und hat einen leichten Gelbstich, der Farben Wärme und Tiefe verleiht. Mattlacke eignen sich auch zur Versiegelung.*

LINKS: *Die obere Hälfte dieses Kiefernbrettes wurde weiß gestrichen, die untere Hälfte unbehandelt gelassen. Dann wurden mit verschiedenen Lacken vertikale Streifen aufgetragen (von links nach rechts: natürliches Leinöl, Acryl auf Wasserbasis, Sandarak, Polyurethan und dunkler Schellack), um deren unterschiedliche Wirkung zu verdeutlichen.*

DEKORATIONSIDEEN

Einführung

Eine gelungene Dekoration ist das Ergebnis eines erfolgreichen Zusammenspiels zwischen dem ursprünglichen Design und den Extras, die den Dekorationsstil untermalen. Stimmungsvolles Licht, praktische und schöne Aufbewahrungsmöglichkeiten und das kunstvolle Arrangement von Pflanzen und Accessoires – all das gehört dazu.

LINKS: Die Sorgfalt, mit der die Details hier ausgewählt wurden, angefangen bei den Möbeln bis hin zu den einladenden Wildblumensträußen, sorgt für einen harmonischen Eindruck.

RECHTS: Möbel können dekorativ und praktisch zugleich sein, vor allem in der Küche.

OBEN: Durch die geschickte Ausnutzung dieses Raumes mit seinen hohen Decken sind drei Schlafplätze für Kinder entstanden. Durch das kleine, hochliegende Fenster gelangen Licht und frische Luft ins Zimmer, und das Geländer ist ein dekorativer Blickfang.

Durchdachte Organisation

Eine gelungene Haushaltsführung hängt von der optimalen Ausnutzung des Raumes gemäß der unterschiedlichen Bedürfnisse ab. Je nachdem, wer eine Wohnung nutzt – ob Wohngemeinschaft oder Familie –, unterscheidet sich auch die Einrichtung. Darüber hinaus können sich die Bedürfnisse der Bewohner im Laufe der Zeit ändern. Kleinkinder benötigen die ständige Aufsicht der Eltern, während Teenager eine Möglichkeit brauchen, sich zurückzuziehen. Geänderte Lebensumstände machen entsprechende Veränderungen in der Wohnungseinrichtung erforderlich.

Wenn Sie hohe Decken haben, können Sie den Raum vielleicht vertikal nutzen, indem Sie eine Plattform zum Schlafen oder Arbeiten einrichten. Eine gute Organisation und unorthodoxes Denken sind wesentlich wichtiger als die Anzahl der Schränke, die Sie besitzen.

LINKS: Ein aufgearbeiteter Ladenschrank mit verglaster Schubladenfront wird zu einem Schlafzimmermöbel. Ein so großes und ausgefallenes Möbelstück wird zum Mittelpunkt eines Raumes und gibt diesem Charakter.

LINKS: Ordnung bedeutet nicht notwendigerweise, daß alle Dinge sorgfältig weggeräumt werden, sondern vielmehr, daß alle Dinge, die Sie benötigen, stets griffbereit sind. Hier dienen ein Blumentopf und ein Besteckkasten zur Aufbewahrung von allerlei Künstlerwerkzeug.

LINKS: Eine Zentralheizung spart Arbeit und ist sehr bequem, aber nichts läßt sich mit dem anheimelnden Flackern eines Kaminfeuers vergleichen, neben dem ein Stapel Feuerholz für den Abend bereitliegt. Das Kaminsims zieren Lampen und eine Sammlung verschiedener Kleinode.

Behagliches Wohnen

Um ein Zuhause so einzurichten, daß es uns gefällt, müssen wir ein Gleichgewicht finden zwischen der Ergonomie, die gewährleistet, daß unsere Umgebung unseren Bedürfnissen gemäß funktioniert, und dem Stil, der uns optisch zufriedenstellt. Natürlich ist das richtige Grunddesign zunächst sehr wichtig. Aber sobald die praktische Grundeinrichtung komplett ist, fängt die Arbeit erst richtig an. Dann sind die kleinen, individuellen Aspekte an der Reihe, durch die eine Wohnung erst richtig behaglich wird und ihren ganz persönlichen Stil erhält. Von der richtigen Beleuchtung ganz abgesehen: Licht hat einen viel größeren Einfluß auf uns, als uns bewußt ist.

LINKE SEITE: Wer sagt, daß ein Badezimmer nur zum Waschen da ist? Die Blumentöpfe und ein verführerischer Sessel am Fenster bilden eine gemütliche Ecke, die zum Schmökern in Zeitschriften einlädt.

Licht

Licht strahlt Wärme und Leben, Sicherheit und Geborgenheit aus und ist für unser Gefühlsleben wie auch für unser körperliches Wohlbefinden von fundamentaler Bedeutung. Natürliches und künstliches Licht bestimmen unseren Tages- und Nachtrhythmus und wirken sich auch auf unsere Stimmung und unser Verhalten aus.

LINKS: Die warme Atmosphäre entsteht durch das diffuse Licht der Lampen an der Wand und auf dem Regal, durch das Kaminfeuer und die Lichtkreise der kleinen Tischleuchten.

RECHTS: Die Sternenmotive auf diesem Lampenschirm verleihen der Zimmerecke einen dramatischen Ausdruck.

Lassen Sie Licht herein

Früher war die Herstellung von Glas sehr teuer, und nur wohlhabende Leute konnten sich große Fenster leisten. Durch die Erfindung von Scheibenglas im zwanzigsten Jahrhundert wurde der Luxus lichtdurchfluteter Räume nahezu für jeden erschwinglich. Mit dem Aufkommen perfekt konstruierter, wasserdichter Oberlichter wurde die sinnvolle Nutzung unzähliger fensterloser Dachgeschosse möglich.

Die fernöstliche Wissenschaft des Feng Shui mißt der Ausrichtung eines Gebäudes großen Wert bei – zu Recht, denn diese bestimmt die Menge und Qualität des Tageslichts, die das Gebäude erhält. Am wichtigsten ist natürliches Licht für die Küche und das Arbeitszimmer, denn dort spielt sich das Geschehen hauptsächlich tagsüber ab. Auf jeden Fall sollten sich Schreibtische und Arbeitsflächen nah am Fenster befinden, damit das Licht einfallen kann, ohne Schatten zu werfen oder durch Reflektionen zu blenden.

UNTEN: *In die Dachschräge eingesetzte Oberlichter verwandeln einen dunklen Dachboden in ein Büro. Die eingebaute Arbeitsfläche nutzt das Tageslicht.*

LINKS: Wenn ein Badezimmer eingesehen werden kann, sollten Sie dafür sorgen, daß die Sicht durch das Fenster blockiert wird, aber dennoch dieselbe Lichtmenge einfallen kann. Statt einfacher Gardinen können Sie ein halbtransparentes Rollo oder schönes Milchglas verwenden. Auch eine Vase mit frischen oder getrockneten Blumen kann als Sichtschutz dienen.

LINKS: Dachzimmer mit ihren Schrägen unter der Traufe sind ideale Schlafzimmer, vor allem für Kinder; ein Problem ist jedoch oft fehlendes Tageslicht. Hier wurde das Problem durch den Einbau eines großen Oberlichts in das Dach gelöst, dessen strenge Konturen durch die Falten eines Spitzenvorhangs abgemildert werden.

LINKS: *Bei diesem Eßzimmer wurde natürliches Licht präzise wie Flutlicht so gelenkt, daß es, von der Seite einfallend, den transparenten Glastisch und die Stühle gewissermaßen im Licht schweben läßt. Deckenspots können auf die Regale oder, zu den Mahlzeiten, auf den Tisch oder auch auf beides gelenkt werden.*

Abschirmen von Licht

In heißen Ländern haben Gebäude in traditioneller Bauweise kleine Fenster, damit die Zimmer kühl und schattig bleiben. Bei modernen Gebäuden mit Panoramafenstern werden alternativ Rollos oder Jalousien verwendet, die ganz oder teilweise heruntergelassen werden, um einen Raum abzudunkeln. Das Licht kann ungehindert einfallen, doch die Räume bleiben angenehm kühl.

Rollos eignen sich auch sehr gut für Schlaf- und Badezimmer, wo die Intimsphäre ebenso wichtig ist wie das Tageslicht. Sie haben außerdem den zusätzlichen Vorteil, daß sie platzsparend sind. Sollten Sie sich nach etwas mehr Romantik sehnen, dann greifen Sie auf die traditionelle Methode mit halbdurchsichtigen Gardinen zurück, um Ihre Privatsphäre zu schützen.

RECHTS: Wie schön, wenn beim Aufwachen die Morgensonne ins Zimmer scheint – vorausgesetzt, Hitze, blendendes Licht und die Blicke der Nachbarn bleiben draußen! Klassisch-schöne Vorhänge aus Musselin, Schleierstoff oder Spitze machen zu helles Licht diffuser und schützen effektiv vor unliebsamen Blicken.

OBEN: Muster und Textur dieses flachen, maßgeschneiderten Stoffrollos beruhen auf breiten, vertikalen Streifen in kräftigen Farben, die von gröber gemalten horizontalen Bändern gekreuzt werden. Das Sonnenlicht wird durch das leuchtende Orange verstärkt, die Hitze bleibt jedoch draußen.

RECHTS: Die Bistrogardine in der unteren Fensterhälfte sorgt dafür, daß Sie beim Frühstück im Morgenmantel unbeobachtet bleiben, und läßt doch zu, daß durch die obere Fensterhälfte jede Menge Licht einfallen kann.

OBEN: Ein schlichtes, cremeweißes Stoffrollo bietet eine ausgezeichnete Fläche zur Verschönerung mit Malereien, Siebdruck oder, wie hier, dekorativen Stempelarbeiten. Das Vogelmotiv erinnert an die Natur, und die Formen werden durch das natürliche Licht zusätzlich betont.

Reflektieren von Licht

Spiegel schaffen ihre eigene virtuelle Realität und erzeugen die Illusion vieler weiterer Dimensionen. Außerdem verstärken sie durch die Fenster einfallendes Tageslicht, indem sie es reflektieren. Diese zweifache Illusion von mehr Licht und Raum macht sie, neben dem dekorativen Effekt eines schönen Rahmens, zu einer Bereicherung für viele Innenausstattungen.

Anhängern von Feng Shui zufolge besitzen Spiegel eine große Macht, da sie Energie anziehen und so helfen können, positive oder negative Kräfte einzufangen, zu verstärken oder abzulenken. Vielleicht wird so nur auf andere Art ausgedrückt, daß ein Spiegel, der am Ende eines dunklen Flures angebracht ist, diesen offener und heller erscheinen läßt. Der Effekt ist noch stärker, wenn Sie über dem Spiegel eine Lampe anbringen. Ein Spiegel, der Fenstern gegenüber angebracht wird, läßt kleine Räume optisch größer wirken.

Vor dem Kauf eines Spiegels sollten Sie sich davon überzeugen, daß seine Oberfläche das Spiegelbild nicht verzerrt. Früher, als große Scheiben Spiegelglas ungemein teuer waren, hing man mehrere kleine Spiegel auf; eine Dekoration, die auch heute noch schön aussehen kann.

OBEN UND UNTEN: *Einfache oder geschnitzte Rahmen können durch dekorative Effektanstriche besser zur Geltung gebracht werden, vor allem durch Vergoldung und antikisiertes Silber.*

OBEN: *Gebrauchte Spiegel sind günstig, und mit einem Anstrich wirkt ihr Rahmen wieder wie neu.*

LINKS: *Ein gut proportionierter, dekorativer Rahmen kann ein kleines Kunstwerk sein.*

LINKE SEITE: *Dieser vornehme und an strategisch günstiger Stelle plazierte mannshohe Spiegel bringt Licht und Eleganz in ein Badezimmer von luxuriösen Ausmaßen und macht aus dem Raum zugleich ein Ankleidezimmer.*

Deckenfluter und Deckenlampen

Die Beleuchtung wird bei der Wohnungseinrichtung oft vernachlässigt, aber sie ist äußerst wichtig. Die in vielen Räumen anzutreffende einzelne, zentrale Deckenlampe kann eine entspannte Atmosphäre schon beim Einschalten zunichte machen. Es gibt heutzutage eine große Auswahl an Lampen, und Sie sollten sich die Mühe machen, herauszufinden, welche Beleuchtung für Ihren Wohnraum am besten geeignet ist, bevor die Leitungen verlegt werden.

Durch nach oben und nach unten strahlendes Licht können Sie die Vorzüge eines Raumes betonen und seine Schwächen vertuschen. Deckenfluter lassen Zimmerdecken höher wirken und gleichen Schrägen aus. Deckenlampen dagegen lenken von einer zu hohen Decke ab.

LINKE SEITE: Als Deckenfluter montierte Wandlampen, deren gedämpftes, nach oben gerichtetes Licht von der Decke zurückgeworfen wird, sind eine Alternative zur zentralen Hängelampe. Ist der Deckenfluter eingeschaltet, wird das schablonierte Efeumuster um ihn herum angestrahlt und der frische Effekt des Blattgrüns betont.

LINKS: Küchen sollten für die Vorbereitung von Mahlzeiten gut beleuchtet sein und zugleich ein dem Essen förderliches und gastfreundliches Ambiente bieten. In dieser Küche sorgen eingelassene Deckenleuchten für die gute Ausleuchtung der Arbeitsflächen. Das Spülbecken befindet sich unter dem Fenster und verfügt über natürliches Licht. Für den Eßbereich sind separat regulierbare Lampen erforderlich.

Zusätzliche Lichtquellen

In einem Wohnraum sind fast immer unterschiedliche Beleuchtungsarten für verschiedene Aktivitäten und Stimmungen erforderlich. Mehrere Lichtquellen in einem Raum haben eine entspannendere Wirkung und sind zudem wesentlich vielseitiger einsetzbar.

Für die Hintergrundbeleuchtung können Sie eine zentrale Hängeleuchte, Spots, Wandleuchten, Deckenfluter oder Deckenstrahler verwenden. Stand- und Tischleuchten und spezielle Leuchten für bestimmte Arbeitsbereiche werden als kleine Lichtinseln eingesetzt, um Dekorationen zur Geltung zu bringen. Gewöhnliche Stehlampen erfüllen denselben Zweck. Testen Sie die Höhe und Stärke der Beleuchtung, wenn Sie eine Lampe positionieren. Die Glühbirne sollte durch den Lampenschirm vor der sitzenden Person verborgen und der nach unten fallende Lichtkegel zum Lesen ausreichend sein.

OBEN: Kleine Lampen mit Leuchterfuß wirken behaglich und sind platzsparend. Ein einfacher Lampenschirm aus Metall und ein hölzerner Fuß können erstaunlich wirkungsvoll sein.

RECHTS: Durch das sanfte Licht, das von einer neben einem behaglichen Lehnsessel plazierten Tischlampe ausgeht, entsteht sofort eine gemütliche Ecke.

LINKS: Bei diesem bemalten Lampenschirm, der eine schlichte, moderne Lampe aus Schmiedeeisen ziert, strahlt das Licht nach unten, nur durch die ausgeschnittenen Sterne wird das Licht sternförmig nach oben geworfen.

Tischleuchten

Neben ihrer Funktion als Lichtquelle für bestimmte Aktivitäten sorgen Stand- und Tischleuchten für eine stimmungsvolle, weiche Hintergrundbeleuchtung. Mehrere Lampen mit Glühbirnen niedriger Wattzahl schaffen ein warmes, behagliches Licht. Bei den meisten Lampen läßt sich das Kabel mit einem Dimmer ausstatten. Die Form des Lampenschirms bestimmt, wie der Lichtschein fällt: Ein kegelförmiger Schirm sorgt für einen weiten Lichtstrahl unterhalb der Lampe, während ein zylindrischer Schirm das Licht in einen schmalen Strahl bündelt und zum Lesen weniger geeignet ist.

Stehlampen und Tischleuchten erzeugen, wie einst Kerzen und Öllampen, Inseln aus Licht, die bestimmte Bereiche abgrenzen – zum Beispiel eine gemütliche Sitzecke. Günstig plazierte Lichtquellen können auch dadurch für Atmosphäre sorgen, daß sie ein bestimmtes dekoratives Detail betonen. Lampen, die nah an einem Vorhang plaziert sind, lenken die Aufmerksamkeit auf die Textur des Stoffes und die von den Falten geworfenen Schatten.

Verwenden Sie im Schlafzimmer gut abgeschirmte Nachttischlampen, deren Schalter leicht erreichbar sind, und überprüfen Sie, ob diese die richtige Höhe zum Lesen haben.

OBEN: Obwohl Tischleuchten nur selten als Deckenfluter konzipiert sind, können sie in dieser Form für gestreutes, indirektes Licht sorgen. Eine Sitzecke in einem großen Raum läßt sich dadurch eingrenzen, daß Sie eine solche Lampe an beiden Sofaenden plazieren.

LINKE SEITE OBEN UND UNTEN: Überall erhältliche Lampenfüße und -schirme können durch Bemalungen, Applikationen oder andere Dekorationen individuell gestaltet werden. Denken Sie beim Aussuchen eines Lampenfußes daran, daß ein schwerer, vasen- oder urnenförmiger Fuß nicht so schnell umfallen kann.

OBEN: Dekorierte Lampenschirme geben Ihrer Beleuchtung einen individuellen Touch. Gestempelte oder schablonierte Motive wirken besonders schön auf einfarbigen Lampenschirmen. Das Muster sollte nicht so schwer sein, daß es das Licht zurückhält.

Wohnen mit Kerzenlicht

Trotz all der raffinierten Beleuchtungsvorrichtungen, die uns zur Verfügung stehen – um eine intime Atmosphäre zu schaffen, gibt es nichts besseres als die älteste Methode überhaupt: Kerzen. Ihr sanfter Schein schafft eine einzigartige Atmosphäre – kein romantisches Essen zu zweit kann auf die Kerze in der Mitte verzichten, die das Paar einander näher bringt.

Um Licht von der Stärke einer 100-Watt-Birne zu erzeugen, würde man 120 Kerzen benötigen. Es ist also kaum machbar, wie unsere Vorfahren ausschließlich Kerzen als Lichtquelle zu verwenden. Kerzenlicht ist jedoch ein traditioneller und sehr beliebter Bestandteil von Weihnachten, Geburtstagen und anderen Festlichkeiten. Das Licht schmaler Wachskerzen, das einem gedeckten Tisch funkelnden Glanz verleiht, macht aus einem gemeinsamen Mahl mit Freunden oder der Familie stets etwas Besonderes.

OBEN UND OBEN RECHTS: Laternen und Windlichter sind eine ausgezeichnete Idee, wenn Sie im Sommer draußen oder bei geöffnetem Fenster essen. Laternen können draußen an einen Ast oder an einen in den Boden gesteckten Halter gehängt werden.

RECHTS: Das sanft flackernde Licht von Kerzen in schmalen Kerzenständern auf einer dunklen Eichenvertäfelung ist von zeitloser Schönheit.

RECHTE SEITE: Dieser für ein festliches Abendessen gedeckte Tisch in einem Erkerfenster wird von zahlreichen Kerzen erleuchtet, die in den unterschiedlichsten Haltern auf dem Fensterbrett angeordnet sind. Sie sorgen für Helligkeit und Atmosphäre, ohne Platz auf dem Tisch zu beanspruchen.

Links: Ein höchst dramatisches, nur durch Kerzenlicht beleuchtetes Ambiente für ein Abendessen: Der imposante Leuchter in der Mitte erhellt den Tisch, ohne den Sitzenden die Sicht zu versperren, einzelne, niedrige Kerzenhalter sind auf dem Tisch verteilt, und Wandleuchter sorgen für Licht in den Ecken. Alles zusammen wird zusätzlich durch einen prachtvollen Spiegel reflektiert.

Kerzenhalter

Rein rational betrachtet gibt es in der stromangetriebenen westlichen Welt keinen Bedarf für Kerzen. Selbst bei einem Stromausfall können Sie Ihren Weg mit einer batteriebetriebenen Taschenlampe finden. Aber wenn es immer nur um praktische Beweggründe ginge, würden wir uns um Dekorationsvarianten gar keine Gedanken machen, sobald in unserem Heim alle erforderlichen Leitungen verlegt wären. Tatsache ist jedoch, daß wir neben den Dingen, die zum Leben wichtig sind, auch Abwechslung und Vielfalt brauchen, und unser häusliches Leben sollte uns die Möglichkeit geben, unseren wechselnden Stimmungen Ausdruck zu verleihen. Kerzen wecken Erinnerungen und schaffen eine Atmosphäre, die dabei hilft, das Leben von einer anderen Warte aus anzugehen. Für Kerzen gibt es kunstvolle, silberne Einzelständer und mehrarmige Kandelaber oder betont einfache, schwarze Metallhalter für das Schlafzimmer. Entscheidend ist, wo Sie den richtigen Kerzenständer in Ihrer Einrichtung plazieren.

OBEN: Dieser Messingleuchter wirft ein romantisches Licht auf den Tisch. Er wurde mit einem Grünspan-Effektanstrich antikisiert und erhält durch eine Efeu girlande zusätzlichen Glamour.

RECHTS: Kerzenlicht, das von einem Spiegel zurückgeworfen wird, erzeugt eine stimmungsvolle Atmosphäre, die von der dunklen, texturierten Wand noch verstärkt wird.

LINKS: Schlichte, weiße Kerzen und weiße Lilien wirken im Spiegel wie ein Stilleben.

Oben: Durch glänzende Kerzen in antiken, silbernen Kerzenhaltern wirkt dieses Arrangement auf dem Kaminsims üppiger.

LINKS: *In dieser kleinen Küche wird jeder Zentimeter des Alkovens genutzt, um einen Regalschrank, ein Weinregal und Einweckgläser unterzubringen.*

RECHTS: *Regalsysteme müssen nicht langweilig sein. Ein bißchen Farbe – und sie haben direkt mehr Pfiff.*

Aufbewahrung

Eines der Probleme, die sich heutzutage beim Wohnen stellen, ist die Frage, wie man in Räumlichkeiten, die meist zu klein scheinen, bequem leben und zugleich für alles einen Platz finden kann. Die Lösung liegt in der Art der Unterbringung; ebenso wichtig ist jedoch, unseren Sammlertrieb unter Kontrolle zu halten.

OBEN: Ein gut verarbeiteter Küchenschrank mit eingelassener Plinthe und Randleiste erhält einen neuen Look durch die Maschendrahttür und einen dunklen Innenanstrich, der sich hervorragend als Hintergrund für ausgewählte Stücke feinen Porzellans eignet.

OBEN RECHTS: Ein Dreieckschrank dient als Stauraum für Verschiedenes, und darauf steht eine Reihe zusammengehörender Keramikgefäße.

Küchenschränke

In der Küche brauchen wir verhältnismäßig viel Stauraum. Neben Spüle, Herd, Kühlschrank und Tiefkühlschrank ist Platz für Nahrungsmittel, Pfannen und Kochutensilien, Geschirr und Besteck, Spülmittel und Lappen nötig.

Die Frage ist, was Ihnen eher liegt: Eine Küche mit gefüllten Einweckgläsern und Schüsseln ist einladend und praktisch, aber hinter Schranktüren verborgene Regalböden sind pflegeleichter. Einbauschränke oder freistehende Schränke? Nicht zusammengehörende, freistehende Regale und Schränke erfreuen sich zunehmender Beliebtheit. Hohe Schränke eignen sich gut zur Unterbringung der Dinge, die Sie seltener verwenden.

Eine Faustregel für die Ausstattung von Küche und Haushalt mit Regalen und Schränken besagt, man solle seine Besitztümer in drei Kategorien unterteilen: wichtige, nützliche und nur gelegentlich verwendete. Auf diese Weise finden Sie heraus, welche Prioritäten dabei zu beachten sind.

LINKS: Dieser kleine Speiseschrank mit einem einfachen Schablonenmotiv kann auf der Arbeitsplatte stehen oder an der Wand hängen; er eignet sich hervorragend für das Aufbewahren von Zutaten oder Gewürzen, die Sie häufig benutzen. Da heute die Speisekammer fehlt, muß Stauraum für Lebensmittel geschaffen werden, die kühl und dunkel untergebracht werden müssen.

UNTEN: Zu dieser Einbauküche gehören ein offenes Regalelement und ein Element mit Glastüren, für Pflanzen und dekoratives Geschirr, doch die meisten Küchenutensilien bleiben hinter Türen und in Schubladen verborgen.

RECHTS: Ein Regal für Eier und Gewürze befindet sich in Reichweite auf der Arbeitsplatte. Stellen Sie doch ein Salzfäßchen neben den Herd; Knoblauch und Pepperoni können in Netzen aufgehängt oder in Terrakottagefäßen gelagert werden.

OBEN: Das Holzgestell zum Trocknen und Aufbewahren von Geschirr feiert sein Comeback. Sie sollten das Gestell nicht zu schwer beladen. Ein Gestell aus Edelstahl paßt eher zu einer modernen, minimalistischen Küche.

RECHTS: Offene Regale passen gut in eine rustikale Küche, wo Nahrungsmittel in Krügen aus Steingut und Glasgefäßen aufbewahrt werden. Die Marmorplatte ist kühl und deshalb gut geeignet, um Lebensmittel abzustellen. Obst und Gemüse kann in Körben unter der Arbeitsfläche gelagert werden.

Küchengestelle und -regale

Zu Küchen, die heutzutage eine entspanntere Atmosphäre bieten, in der die Nahrungszubereitung ein Teil des Familienlebens ist, paßt die offene Lagerung von Lebensmitteln. Einweckgläser mit getrockneten Lebensmitteln auf offenen Regalen sind nicht nur leicht zugänglich, sondern auch optisch reizvoll und rufen Erinnerungen an die gute alte Speisekammer wach.

Sie sollten den Raum durch den Einbau von Wandgestellen und -schienen vertikal nutzen, um Haushaltsutensilien zu stapeln und aufzuhängen. Sind Haken zum Aufhängen von Töpfen, Kannen, Krügen und Tassen dort angebracht, wo sie gebraucht werden, läßt sich Arbeitsfläche und auch Zeit einsparen. Nicht zu vergessen ist, daß eine offene Aufbewahrung von Gebrauchsgegenständen Disziplin und Ordentlichkeit erfordert. Stellen Sie nichts zur Schau, das Sie doch nie benötigen – es würde nur zum Staubfänger.

OBEN: *In der Küche kann man sich mit lackierten Regalen zum Aufbewahren von Geschirr und Töpfen, Gestellen zum Aufhängen dekorativer Trockenblumen, Kräutern und Gewürzen, duftenden Lavendelsäckchen und Trockentüchern »austoben«. Mit einem geschnitzten Rahmen läßt sich ein schlichter Küchenschrank verschönern.*

BELL'S
SEASONING
Bonne Cuisine
Lobster Bisque
A new experience in soup enjoyment
CHOCOLAT PATISSIER
ROWNTREE'S JELLY
Lemon Flavour
Knorr
Colman's
Mustard
Paprika
Parsley
CUMIN SEED
SCHWARTZ
ROWNTREE'S JELLY

LINKS: Die Küchen-Designer von heute haben Einbauschränke und -regale zur Perfektion gebracht; sie entsprechen modernen Standards und sind genau auf Ihre Bedürfnisse und den zur Verfügung stehenden Raum zugeschnitten. Hinter diesen Küchenschranktüren befinden sich Regalböden und Körbe. Die Körbe lassen sich wie Schubladen herausrollen.

RECHTS: Ein Stapel kunstvoll schablonierter Hutschachteln wirkt leicht und bietet hervorragenden Stauraum – nicht nur für Hüte. Unorthodoxes Denken, wesentlich für ein gutes Aufbewahrungskonzept, sollte auch beim Zusammenlegen von Kleidung angewandt werden: Zum Beispiel können Handtücher und T-Shirts gerollt werden und passen so auch in die ungewöhnlichsten Ecken.

Schlafzimmer

Das Schlafzimmer ist Ihr Allerheiligstes, und weil dort wenig Durchgangsverkehr herrscht, wird es gerne als Sammelplatz für Kleidungsstücke, Bücher, Zeitschriften, Schuhe usw. genutzt. Doch Unordnung ist das letzte, was Sie in Ihrem privaten Bereich brauchen; dort sollte eher eine wohlgeordnete Atmosphäre herrschen, damit Sie gut schlafen können.

»Bevor Sie etwas in Ihr Leben hineinlassen, müssen Sie sich von etwas anderem trennen.« Dieser Feng-Shui-Lehrsatz spiegelt gesunden Menschenverstand wider. Bevor Sie also einen neuen Kleiderschrank kaufen, sollten Sie sich einmal ansehen, was Sie darin unterbringen möchten.

Eingebaute oder freistehende Schränke und Schubladen, Kästen und Körbe sind nützlich und sehen schön aus. Stellen Sie doch Ihre Schuhe in Schubladen unter das Bett, oder bringen Sie sie in Hängeaufbewahrungen aus Segeltuch unter.

OBEN: Ein Schuhregal aus Holz paßt genau unter die Kleiderschiene im Schrank.

OBEN RECHTS: Ein Metallrahmen mit einem Zeltdach und Vorhängen an den Seiten wird zu einem hübschen, praktischen, freistehenden Kleiderschrank.

RECHTS: Legen Sie Schmuck und Make-up in dekorative Schachteln oder Körbe mit Deckeln.

UNTEN: Ein Schrank unter dem Waschbecken nutzt »toten« Raum für alles, das hinter verschlossene Türen gehört. Die Einfassung des Waschbeckens dient als Abstellfläche für Toilettenartikel; in der Nische darunter befindet sich ein Regal.

Badezimmer

Das Bad ist häufig das kleinste Zimmer im Haus, dennoch muß darin erschreckend viel untergebracht werden, insbesondere wenn das Haus von einer ganzen Familie bewohnt wird. Zur Mindestaustattung gehören Regale für Zahnbürsten, Rasier- und Waschzeug und Schränkchen für Arzneimittel und andere wichtige Dinge. Putzzeug muß auch verstaut werden. In einem kleinen Duschbad können Sie eventuell ein Regal oberhalb des Duschkopfes anbringen; ein Eckschränkchen oder -regal nimmt am wenigsten Platz weg. An der Tür-Hinterseite können Bademäntel, Wäschesäcke und Hängeaufbewahrungen aus Segeltuch oder Plastik mit vielen Taschen untergebracht werden. Im wenig genutzten Raum über der Toilette ist Platz für Regale oder Taschen, die an Haken befestigt werden.

Wenn Sie ein größeres Badezimmer haben, sollten Sie sicherstellen, daß die Möbel, die Sie dort hineinstellen möchten, nicht unter der feuchten, dunstigen Atmosphäre leiden. Nutzen Sie Fensterbänke und Nischen, um schöne Flaschen, Schwämme und Bürsten optisch wirkungsvoll zu plazieren, und verstauen Sie alles andere hinter den Türen Ihrer Schränke. Verwenden Sie Behälter aus anderen Zimmern: Körbe, Emailgefäße, ruhig auch ein Sieb, in dem Schwämme abtropfen können.

RECHTS: Ein mit Ornamenten verziertes Holzkästchen hält Seifenvorräte und Schwämme trocken. Suchen Sie Ihr Haus nach nützlichen Behältnissen ab; ein Plastikeimer mit Deckel eignet sich zum Beispiel in einer Naßzelle hervorragend als Aufbewahrungsort für Dinge, die trocken bleiben sollen.

RECHTE SEITE: Ein Schrank mit Schablonenmotiven hängt auf der einen Seite über dem Waschbecken, auf der anderen Seite befindet sich ein auf Winkelstützen angebrachtes Wandbrett – eine geschmackvolle Kombination aus verdeckenden und offenen Elementen.

RECHTS: Farbstreifen, Boden und Borte in Karomuster und robusten, mit Quasten verzierte Schnüre aus Schiffstau machen aus dem Wäschesack ein stilvolles Accessoire, dessen überaus strapazierfähiges Futter auch schwere Lasten tragen kann und der durch seine runde Form besonders viel Volumen bietet.

Waschküche

Der Waschküche kommt bei der Planung Ihres Hauses wohl kaum der höchste Stellenwert zu, dennoch ist es lohnend, sich ein paar Gedanken zu diesem Thema zu machen; schließlich wirkt im Haus herumliegende, ungewaschene Kleidung mit Sicherheit nicht anziehend. Wo sammeln Sie zum Beispiel schmutzige Bettwäsche, im Schlafzimmer, oder ist dafür Platz im Bad? Wenn Sie einen Haushaltsraum haben, können Sie Ihre Waschmaschine und den Wäschetrockner im Haushaltsraum aufstellen, ansonsten im Bad oder in der Küche.

Waschpulver, das auf einem Regal über oder neben der Waschmaschine steht, sorgt für einen reibungslosen Ablauf. Besitzen Sie einen Wäscheständer oder eine Wäschespinne zum Trocknen der Wäsche?

OBEN: Ein zusammenklappbarer Wäschesack aus Segeltuch auf einem schlichten Holzrahmen sorgt für Ordnung und Funktionalität im Bad.

OBEN RECHTS: Ein Weidenkorb ist für Wäsche ideal geeignet; er ist robust, wendig und belüftet, verdeckt aber trotzdem den Inhalt. Füttern Sie ihn mit einer herausnehmbaren Tasche aus Baumwolle, die am Waschtag einfach geleert wird.

RECHTS: Eine altmodische Wäschespinne auf einer Winde in der Küche oder im Bad ist ein Segen für beengte Häuser.

RECHTS: Ein Sekretär mit einer herausklappbaren Schreibplatte ist von unschätzbarem Wert für die Ablage wichtiger Dokumente und das Aufbewahren von Büromaterial. In die darunter befindlichen Schubladen können Zeitungen und Zeitschriften einsortiert werden. Die Regaltüren erhalten durch den Maschendraht ein zeitgemäßes Aussehen.

RECHTS: Der Holzständer mit Ornamenten für Briefpapier und Post ist eine geschmackvolle, funktionale und dekorative Lösung für das Ärgernis kreuz und quer auf dem Schreibtisch verteilten Papiers. Unterlagen können darin ordentlich aufbewahrt werden und sind dennoch griffbereit und auf einen Blick sichtbar.

LINKS: Ein Aufsatz für den Computer-Bildschirm ist platzsparend. Das Bauen eines separaten Aufsatzes oder des gesamten Pultes ist eine schöne Aufgabe für den Hobbyschreiner. Wenn Papier mit einer Halteklammer gebündelt wird, bleibt der Tisch ordentlich, und Sie werden an Ihre Termine oder dringenden Aufgaben erinnert.

Das Organisieren von Arbeit und Hobbys

Was ist aus all den Prophezeiungen über das papierlose Büro geworden? Sogar diejenigen, die nicht zu Hause arbeiten, brauchen eine Ecke, in der sie Haushaltsrechnungen bearbeiten und Briefe, Rechnungen, Quittungen und die verschiedensten Unterlagen ablegen können, die sich erschreckend schnell stapeln.

Wenn Sie zu Hause arbeiten, so ist die oberste Priorität das Anschließen der wichtigsten Geräte: Ganz oben auf der Liste stehen für die meisten ein Computer und normalerweise ein Drucker, dazu ein Telefon und Telefax. Zunächst sollte die Frage geklärt werden, ob Sie über genügend Steckdosen und Telefonanschlüsse verfügen. Vor dem Einbau der Möbel sollten Sie über deren Anordnung entscheiden.

RECHTS: Alles hat seine Ordnung: Hinter den Flügeltüren verbirgt sich die Oase eines Zimmermanns; Werkzeug und Werkbank sind geschickt in den Raum unterhalb der Treppe eingefügt.

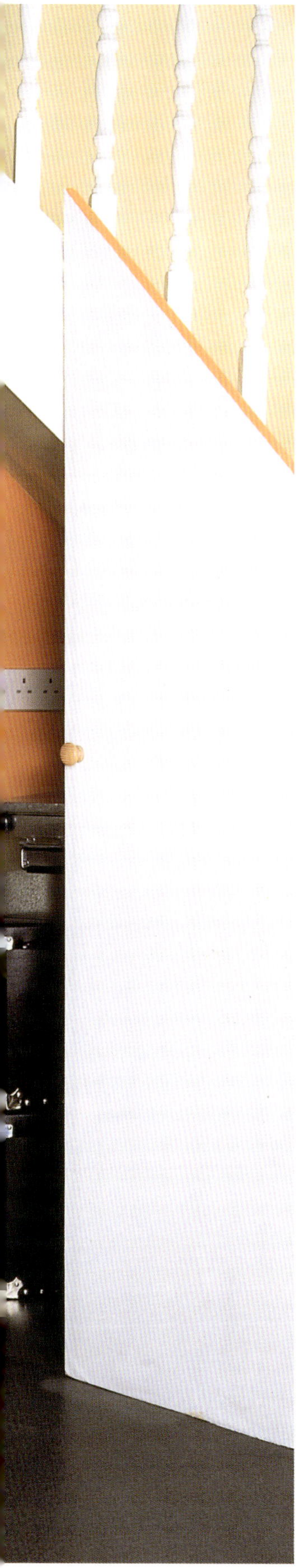

Unterlagen müssen nicht in einem konventionellen Aktenschrank aufgehoben werden; eine Hängeregistratur in einer Truhe, ein Schreibtisch mit tiefen, eingebauten Schubladen oder ein Ablagesystem hinter Schwenktüren einer Anrichte sowie farblich markierte Akten in Körben oder Kästen bieten Möglichkeiten zur Aktenaufbewahrung.

Schreibtisch- oder Büro-Utensilien im Schafzimmer oder im Wohnraum können auf unangenehme Weise an die zu erledige Arbeit erinnern; daher sollten Sie sie hinter einem Paravent oder einem Blumenständer verschwinden lassen.

»Richten Sie für all ihre Besitztümer einen Aufbewahrungsort ein, so daß Sie sie jederzeit wiederfinden können, bei Tag oder Nacht.« Dieser weise Ausspruch von Mother Ann Lee, Begründerin der Shaker-Bewegung in den siebziger Jahren des 18. Jahrhunderts, hat in einer Zeit, in der es vielen Menschen an Zeit und Platz mangelt, wieder an Bedeutung gewonnen. Bestimmte Gartengeräte oder Handwerkszeug nicht zu finden und seine Wochenendpläne an den Nagel hängen zu müssen, ist ebenso ärgerlich, wie das vergebliche Suchen nach wichtigen Arbeitsunterlagen. Wir vertun Wochen und Monate unseres Lebens mit der Jagd nach Dingen. Daher sollten Sie das Volumen reduzieren, indem Sie sich von allem trennen, was Sie nicht brauchen. Es macht Freude, sich mit ausgefallenen Behältnissen zu umgeben – Kästen, Töpfe oder alte Truhen.

LINKS: Verwahren Sie Näh,- Stick,- und Strickzeug in einer stabilen, selbstgemachten Arbeitstasche, die nach getaner Arbeit weggehängt wird; auf diese Weise vermeiden Sie, daß sich das Handarbeitszeug im gesamten Wohnzimmer ausbreitet.

RECHTS: Ordentlich gefaltete, saubere Bettwäsche und Decken sehen auf den Regalböden des geschnitzten Wäscheschranks hübsch aus. Der Schrank wurde mit Farbe geklopft und mit Maschendrahttüren verjüngt.

Schränke

Die Machart Ihrer Schränke sollte sich nach Ihrem Einrichtungsstil richten: Hübsche Wäscheschränke eignen sich hervorragend für den Landhausstil, wohingegen schwere englische Garderobenschränke und Büffets zu einer traditionellen Einrichtung passen. Ein modernistischer Wohnbereich verlangt nach einer funktionalen Einfachheit mit kastenähnlichen Schränken, die möglichst wenig Griffe haben. Ein geschnitzter Schrank aus Indien oder Indonesien kann einer modernen Inneneinrichtung als Einzelstück besonderen Pfiff geben.

Bevor Sie sich auf die Suche nach dem geeigneten Schrank begeben, sollten Sie erst einmal Ihren Raum ausmessen – denken Sie daran, zum Kauf ein Metermaß mitzunehmen.

OBEN: Küchen- und Kleiderschränke können preisgünstig auf wirkungsvolle Weise verschönert werden. In die Türen eingelassene Gardinen wirken frisch und stilvoll, zusätzlich halten sie Staub ab. Für diesen Küchenschrank wurde ein traditioneller Voile, in enge Falten gelegt, genäht was ihm ein ordentliches Aussehen verleiht.

OBEN RECHTS UND RECHTS: Ein Küchenschrank kann mit Gardinen unterschiedlichen Stils geschmückt werden. Die einfachsten Gardinen (oben) bestehen aus mittelschwerer Baumwolle, die über feste Stäbchen hinter das Schrankfenster gespannt wird. Für ein Schlafzimmer eignet sich eher bedruckter Voile (unten).

OBEN: Dosen aus Papiermaché in hübschen phantasiereichen Formen mit passenden Verzierungen sind eine schöne Aufgabe zum Selbermachen und ein ebenso schönes Geschenk. Diese anspruchsvolle achteckige Dose eignet sich zum Aufbewahren von Süßigkeiten, Nähzeug oder Toilettenutensilien.

OBEN RECHTS: Einst pflegten Seeleute ihre Holzkästen mit Segelschiffen und Szenen des Lebens auf See zu bemalen, um die Zeit auf ihrer Reise totzuschlagen. Heute können wir unseren Dekorationsvorlieben frönen, indem wir uns mit Kästchen aus Pinienholz, Dosen und Schachteln umgeben.

Schachteln

Einst wurden Schachteln und Kästen als tragbares Gepäck der Nomaden und Händler oder für wohlhabende Reisende mit wertvollen Besitztümern gefertigt. Geschnitzte Truhen wurden zur Unterbringung von Kleidung und Bettwäsche verwendet, und die Mitgift- oder Aussteuertruhe der Braut begleitete diese nach der Hochzeit ins Heim des Bräutigams. Kleine Schachteln, die durch Sicherheitsschlösser verriegelt waren, wurden zur Aufbewahrung von Münzen und Schmuck benutzt.

Große Truhen und Schachteln werden noch heute vielseitig als Stauraum für Bücher, Bettzeug, Sommer- oder Winterkleidung eingesetzt, die man vorübergehend faltet und auslagert. Sie dienen auch als Beistelltisch im Wohnzimmer oder als Nachttisch im Schlafzimmer. Mit Spielzeugkisten sind Kinderzimmer wie von Geisterhand in Sekundenschnelle aufgeräumt. Frisierkommoden im Schlafzimmer wirken angenehm ordentlich, wenn Sie sich daran gewöhnen, Schmuck, Kämme, Haarspangen und Maniküresets, Knöpfe und Nadeln in Zierdosen einzusortieren. Anhänger des Modernismus verwenden gerne stabile, gestapelte Pappschachteln und Metalldosen für die Ablage und das Aufbewahren von Schreibwaren in ihren Büros. Sie können auch grobe, rustikale oder wunderschön gefertigte ovale Shaker-Schachteln verwenden.

LINKS: Diese Idee ist wieder der Schiffstruhe entliehen. Die blaue, bemalte Truhe läßt mit ihren Aufdrucken von Walen auf den Seiten und auf dem Deckel, den darüberliegenden Wellenlinien und dem gestanzten Dekorationsrand mit Wellenmotiven an die geheimnisvolle Unterwasserwelt denken.

UNTEN: Sogar das Knöpfeannähnen wird zum Vergnügen, wenn sich das Nähzeug in einem hübschen Nähkästchen befindet, dessen wattierter Deckel mit Blumenstickerei überzogen ist. Ein frischer, glänzender Effekt läßt sich leichter mit Baumwollgarnen als mit Wolle erreichen. Als Mottenschutz eignet sich ein Lavendelsäckchen, das Sie in den Nähkasten legen.

Das Anordnen eines Raums

Sind Sie sich erst einmal darüber im klaren, welche Wirkung Sie erzielen möchten, haben Sie Ihr Ziel schon fast erreicht. Sobald Sie einen Raum farblich gestaltet und mit Möbeln ausgestattet haben, können Sie darangehen, diesem durch die Ausstattung mit Bildern und Objekten, die Ihnen gefallen, Atmosphäre und das gewisse Etwas zu verleihen.

LINKS: In einem durchdachten Küchen-Arrangement stehen die Utensilien, die am häufigsten gebraucht werden, sauber aufgereiht in Regalen in unmittelbarer Reichweite.

RECHTS: Ein gelungenes Ausstattungskonzept bietet Raum für Düfte, Stoffe, Farben und Luxus.

OBEN: Als moderne Variation des Druckzimmers aus dem 18. Jahrhundert können Sie aus Papier oder bemalten Schleifen, Bögen, Kordeln, Quasten oder anderen Verzierungen einen einheitlichen Rahmen für mehrere kleine Bilder und Objekte schaffen. Heutzutage kann man komplette Sätze mit Rahmen und Zierleisten in Trompe-l'œil-Technik kaufen.

Das Aufhängen von Bildern und Drucken

Gerahmte Bilder, Spiegel, Keramiken und Wandbehänge vervollkommnen Ihre Einrichtung. Das Rahmen und Aufhängen macht wirklich Freude und bietet eine Vielzahl an Möglichkeiten, Ihre Lieblingsstücke zur Geltung zu bringen.

Unabhängig von Ihren Präferenzen können Sie mit Bildern und Rahmen Ihren Stil akzentuieren. Eine Sammlung kleiner Drucke, Fotografien oder Bilder wirkt besonders hübsch, wenn sie an einer Wand zusammengestellt, entlang einer Treppe nebeneinander aufgehängt werden oder einen Türdurchgang einrahmen. Die symmetrische Anordnung gefällt immer, doch auch eine ausgewogene asymmetrische Aufhängung kann faszinierend sein.

OBEN: Kleine Bilder, Drucke und Keramiken wurden effektvoll arrangiert. Um zu verhindern, daß die Wand beschädigt wird, während Sie die Wirkung des Arrangements überprüfen, befestigen sie die einzelnen Stücke mit Klebeband.

RECHTE SEITE: Eine gestufte Anordnung von gerahmten Drucken gleicher Größe vermittelt ein Gefühl der Ordnung. Als Anhaltspunkt für den Bilderabstand gilt die Hälfte der Bildbreite.

Das Rahmen

Die Art des Rahmens, den Sie wählen, sollte sich nach Ihrem Dekorationsstil richten. Ein bedeutendes Gemälde verlangt nach einem reich verzierten Rahmen, der es hervorhebt, und nimmt viel Platz an der Wand ein. Eine Druckserie sieht in zueinander passenden Rahmen gut aus; eine Sammlung unterschiedlicher Drucke erhält durch das Verwenden gleicher Passepartouts und Wechselrahmen eine optische Verbindung. Zeitgenössische Fotografien wirken am besten in ungemusterten Rahmen in Schwarz, Chrom oder Holz; alte Portraits hingegen sehen in ovalen Passepartouts und Rahmen besonders hübsch aus.

OBEN: Fundstücke aus Trödelläden eignen sich hervorragend zum Experimentieren mit Farbeffekten, und Rahmen mit Profil können Sie durch Vergolden und Antikisieren wirkungsvoll verwandeln.

LINKS: Eine Sammlung alter Landkarten wurde in dunklen Rahmen gleicher Machart eingefaßt, um eine optische Verbindung zu schaffen, und zwischen zwei Fenstern aufgehängt, so daß sie von diesen wie durch einen zusätzlichen Rahmen eingefaßt wird. Die unterschiedlich großen Bilder sind so angeordnet, daß ihre Ähnlichkeit ins Auge fällt.

OBEN UND LINKS: Noppen und Maserungen geben den verschiedenen Holzfurnieren eine individuelle Textur; Beize und Lacke sorgen für eine satte, tiefe Farbe. Durch das Bemalen mit dekorativen Mustern (links) werden aus schlichten Holzrahmen schmückende, farbenfrohe Einfassungen.

GANZ LINKS: Eine Serie von Fotografien mit Botanik-Motiven wurde in zueinander passenden Rahmen eingefaßt; die Beschriftungen sind integraler Bestandteil dieser Komposition. Die stilsichere, auffällige Anordnung der Gruppe an der Wand sorgt für Geschlossenheit.

Das Präsentieren von Sammlungen

Sammeln ist eine angenehme Art, um unseren Hamstertrieb zu befriedigen und gleichzeitig etwas über Geschichte und Verwendung der zusammengetragenen Objekte zu lernen.

Wenn Sie die Sammlung zur Schau stellen wollen, sollten Sie einige Dinge beachten. Die Kunst des geschickten Arrangements von Objekten erfordert den Blick für das Detail sowie die Gabe, Dinge in einer Gruppe so anzuordnen, daß eine ausgewogene Komposition entsteht. Kommen diese Objekte am besten zur Geltung, wenn sie auf Regalen aufgestellt werden? Oder wäre es besser, sie an die Wand zu hängen? Eine Sammlung einfacher Holzlöffel aus der ganzen Welt – reich verziert oder grob geschnitzt – sieht an einer in Azurblau oder blassem Indischrot gestrichenen Wand wunderschön aus. Wertvolles Porzellan oder zerbrechliche Objekte wollen nicht nur zur Schau gestellt, sondern auch geschützt werden: Glasvitrinen und in Alkoven eingefügte Regale bieten eine Möglichkeit, um diese Stücke zu präsentieren.

Möglicherweise möchten Sie aus Ihrer Sammlung auch eine Wanderausstellung machen, denn wenn die Schätze zu lange am selben Ort lagern, werden sie schnell zu Staubfängern. Beim Arrangement Ihrer Sammlung sollten Sie darüber nachdenken, wie Sie die Schönheit Ihrer Schätze durch gezieltes Licht noch weiter unterstreichen können.

UNTEN: *Ein unterteiltes Regalsystem aus Holz oder – sofern das Gewicht der Objekte es erlaubt – Pappe, zeigt ihre dekorativen Stücke an der Wand.*

UNTEN RECHTS: *Schlichte Steingutteller werden hinter den rautenförmigen Scheiben der Glasvitrine, die farblich auf das blaue Innenleben des Regals abgestimmt sind, zu wahren Schönheiten.*

RECHTE SEITE: *Die Kunst des geschickten Arrangements von Objekten zeigt sich an dieser Hutsammlung, die an einer Zwischenwand aufgehängt ist. Im Schlafzimmer liegen drei Lederkoffer aus einer Serie auf dem Kleiderschrank ordentlich übereinander, nicht als ein Blickfang, sondern gleichzeitig als eine praktische Lösung des Aufbewahrungsproblems.*

Das Anordnen von Kissen

Kissen, die einen bequemen, weichen Untergrund für harte Sitzflächen oder auch den Fußboden bieten, gehören wohl zu den ältesten Polsterformen, die es gibt. Sie helfen Ihnen, Ihre Dekoration zu ergänzen und noch raffinierter zu gestalten, denn sie setzen Farbakzente und verbreiten ein Gefühl von Luxus.

Zum Landhausstil passen Blumenmotive, Paisley, Brokat und Tapisserie, mit vielen Borten und Quasten zur Verzierung. Einfache Streifen und Karomuster passen Ton in Ton gut zu Mustern oder zu einem modern eingerichteten Raum mit schlichten Polstermöbeln. Sie können auch ausgefallene Seiden- und Samtstoffe in leuchtenden Farben wählen. Schleifen in kontrastierenden Farben wirken feminin, runde Kissen mit Knöpfen oder Quasten eher klassisch.

RECHTE SEITE: *Traditionelle Borten und Bänder passen hervorragend zu einem Schlaf- oder Wohnzimmer im Landhausstil. Versuchen Sie sich ruhig an überlappenden Streifen auf einem quadratischen Kissen oder an Bändern um ein rundes Kissen.*

RECHTS: *Hier wurde eine ganze Kissenschar in unterschiedlichen Schottenmustern auf einer ebenso gemusterten, über einen bequemen Stuhl geworfenen Decke arrangiert. Paspelschnüre, Quasten, Borten und Schleifen verstärken den eleganten, selbstgeschneiderten Look.*

OBEN RECHTS: Kissen sind eine gute Möglichkeit, um Näh- und Stickkünste oder Seidenmalerei zur Schau zu stellen. Dieses Design in leuchtenden, bunten Farben sieht mit den passenden einfarbigen Seidenkissen vor der dunklen Polsterung sehr schön aus.

RECHTS: Prächtige Tapisserie-, Stickerei- und Bargello-Arbeiten geben dem Zimmer etwas Opulentes und spielen vor einem traditionellen Hintergrund mit Farben und Mustern. Eine passende Borte bildet den Rahmen für die fertige Handarbeit.

Links: Dieser Raum verdankt seine Atmosphäre der gelungenen Einrichtung. Das großformatige Gemälde über dem Sofa, die interessante Alkovendekoration und der ins Auge fallende Kaminsims mit den Blumen sowie die hellen Kissen in kontrastierenden Farben fügen sich hervorragend in das gemütliche Arrangement von Sofas und Sesseln ein.

LINKS: Ein hübscher kleiner Blumenstrauß schmückt dieses elegante Frühstückstablett mit passendem Porzellan und der lustigen Zeitungsdekoration.

RECHTE SEITE: Wunderschöne rote Amaryllis, deren Knollen zwischen unterschiedlich großen Kieselsteinen in einem quadratischen Glasgefäß ruhen, haben einen dramatischen Effekt.

RECHTS: Eine blau-weiße Schale, mit purpurroten, blauen und weißen Frühlingsblumen und Sennesblättern gefüllt, ist als Tischschmuck oder für die Fensterbank ideal.

OBEN: Zierliche Lilienzweige werden von Murmeln in einem transparenten, quadratischen Glasgefäß gehalten.

Blumenschmuck

Blumen haben eine positive Wirkung auf unsere Sinne und heben unsere Stimmung mit ihren herrlichen Düften, Formen und leuchtenden Farben. Die Kunst des Blumensteckens hat sich im Laufe der Zeit stark gewandelt. In den heutigen einfachen und spontanen Arrangements gefallen uns die Blumen um ihrer selbst willen und stellen nicht die Kunstfertigkeit des Menschen, der sie so angeordnet hat, in den Vordergrund; und Gartenblumen sind mit all ihren kleinen Fehlern ebenso hochgeschätzt wie ihre makellosen Artgenossen aus dem Gewächshaus. Imposante Gebilde wurden von lose drapierten Bunden aus Osterglocken oder Iris in einfachen Glasgefäßen abgelöst.

Unabhängig von Ihrem Stil und Geschmack sollten Sie zunächst entscheiden, wo der Blumenschmuck plaziert wird. Sollen die Blumenfarben mit jenen Ihres Raums kontrastieren oder eher Ton in Ton sein? Ein Klecks Scharlachrot sieht in einem grünen Zimmer zauberhaft aus, und eine Mischung aus rosafarbenen und roten Blumen könnte die Farben von buntbedrucktem Möbelkattun im Landhausstil wiedergeben.

OBEN: Orange und weiße Gerbera werden in einem Terrakottatopf, der dem Arrangement etwas Sommerliches verleiht, locker von einer groben Schnur zusammengehalten.

OBEN: Blumen in feurigem Rosa, Rot und Orange bilden einen Kontrast zu der blau-weißen Vase in diesem fröhlichen Arrangement im Landhausstil. Die Pfingstrose bildet den Mittelpunkt mit darum herum angeordneten Rosen und Lilien, Levkojen, Akelei und Zierlilien, die sich fächerförmig ausbreiten, den Strauß höher wirken lassen und ihm Form verleihen.

Ein Strauß aus unterschiedlichen Blumen kommt am besten zur Geltung, wenn die großen Blumen in der Mitte und die kleineren in Abstufungen nach außen angeordnet sind. Um Abwechslung in die äußere Form des Bundes zu bringen, können Sie dünne Zweige, Blätter und Knospen hinzufügen.

Ein flaches Arrangement sieht als Tischschmuck am besten aus, denn so müssen sich Ihre Gäste nicht durch einen Blätterdschungel hindurch unterhalten. Ein Korb mit locker angeordneten Gartenrosen, deren Stengel durch in Wasser getränktes Steckmoos frisch gehalten werden, das von echtem Moos verdeckt ist, wirkt herrlich rustikal zu einem sommerlichen Abendessen. Eine Mischung aus kleinen Gewürzkräuterzweigen – Petersilie, Koriander oder Rosmarin – mit Blumen verbreitet einen angenehmen Duft.

Blumendekorationen sind heute von chinesischen und japanischen Traditionen beeinflußt; in diesen Ländern werden nur ein oder zwei Blumen in einfachen, stilvoll gestalteten Gefäßen präsentiert.

OBEN: Sommerliche Mahlzeiten im Freien auf dem Innenhof oder auf der Terrasse laden dazu ein, mehrere nebeneinander aufgestellte Topfpflanzen in voller Blütenpracht mit dem Gedeck zu kombinieren. Helle Geranien, Springkraut, Schlüsselblumen und andere wetteifern mit Schalen, in denen saftige Früchte der Saison liegen, um die Aufmerksamkeit.

RECHTS: Rustikale, gestreifte Töpfe mit Miniaturrosen in Gelb sehen hübsch und frisch in einem verschnörkelten, schmiedeeisernen Halter an der Badezimmerwand aus.

OBEN: Eine statuenhafte Präsentation von Blättern und Geäst in einem hohen Gefäß eignet sich dazu, einem sonnigen Innenraum die magische Frische des Frühlings zu verleihen. In einem dekorativen Pflanzenständer neben dem in einem breiten Erker befindlichen Tisch wirken diese Eichenzweige mit ihren jungen, grünen Blättern interessant und anmutig.

Zimmerpflanzen

Topfpflanzen spenden Vitalität und Frische, auch bei dunklen Innenräumen, und vielen Stadtbewohnern ermöglichen sie den Kontakt mit wachsenden, lebenden Dingen.

Viele unterschiedliche tropische Pflanzen gedeihen wunderbar in beheizten Räumen, sofern sie gut gepflegt werden. Am besten und natürlichsten wirken sie, wenn sie dschungelartig zusammen angeordnet werden. Immergrüne Pflanzen können Sie mit Frühlings- und Sommergewächsen in Blumenkästen kombinieren; diese Pflanzen setzen Farbakzente, duften herrlich und halten sehr viel länger als Schnittblumen.

Stellen Sie keine Pflanzen auf eine Fensterbank über einer Heizung – dort werden sie austrocknen. Wenn die Gärtnerei nicht Ihre Stärke ist, kann auch eine Sammlung winziger Töpfe mit Kakteen überraschend dekorativ sein!

RECHTS: Eine Vielzahl Knollengewächse, hier Miniatur-Narzissen, die mit Torfmull in einem Drahtkorb feucht gehalten werden, sind schöne Vorboten des Frühlings.

LINKS: Eine gut beleuchtete Ecke an der Hintertür ist der richtige Platz für eine kleine Pflanzengruppe; die Gabel und der Pflanzenheber befinden sich samt Gießkanne griffbereit unter dem Tisch.

OBEN: Farne lieben Schatten und Feuchtigkeit und sind ohne direktes Sonnenlicht am glücklichsten, zum Beispiel in der Ecke eines dunstigen Badezimmers.

LINKS: Weiße Blumen sehen in einem verzierten Blumenkasten aus Holz oder in Terrakottatöpfen am hübschesten aus.

Innenhöfe und Terrassen

Es ist erstaunlich, wie viel Zeit das Gärtnern an einem kleinen Platz im Freien in Anspruch nehmen kann – und wie erfüllend es ist. Ein sonniger Dachgarten, ein schattiges Plätzchen im Hochparterre oder ein winziger Hinterhof werden so zu einem separaten Raum, den Sie nach Ihrem Geschmack gestalten können.

Stil hat Vorrang. Mögen Sie den wilden Dschungel-Look? Wände und Spaliere mit vielen Kletter- und Schlingpflanzen sind relativ leicht zu pflegen. Oder ist Ihnen die meditative Ruhe eines japanischen Gartens lieber? Ein solcher Garten erfordert einen streng strukturierten Aufbau und schränkt die Auswahl der Pflanzen ein.

RECHTS: Preiswerte Terrakottatöpfe können mit fröhlichen Motiven bemalt werden, bevor Sie sie im Innenhof oder im Haus aufstellen. Am besten verwenden sie einfache Latexfarbe (Emulsion) und Acryllack als Versiegelung. Diese Sonnenblumen wurden aus Geschenkpapier ausgeschnitten und dann aufgeklebt.

Pflanzengefäße aus Terrakotta, Beton, Holz, Plastik und Metall können individuell mit Farbeffekten verschönert werden. Wo möchten Sie Ihre Blumentöpfe aufstellen, und was möchten Sie pflanzen? Terrakotta sieht gut aus mit roten und orangefarbenen Pflanzen, während zum Beispiel Silberblattwerk gut in einem Metallgefäß zur Geltung kommt. Blau,- Rosa- und Grautöne haben einen eher verschwommenen, zurückhaltenden Effekt; Purpurrot und Weiß wirken elegant und förmlich. Aromatische und eßbare Salatkräuter sind nicht nur schön anzusehen, sondern auch nützlich. Damit der Blumenschmuck großzügig wirkt, sollten Sie eher im Übermaß pflanzen, als an den schönen Gewächsen zu sparen. Am besten haben Sie Ihren Pflanzenheber und Ihre Gießkanne immer zur Hand und versorgen Ihre Pflanzen regelmäßig.

UNTEN LINKS: *Ein quadratischer Holzbehälter ist geschmackvolles Beiwerk für einen dekorativ geschnittenen Buchsbaum oder andere zu phantastischen Figuren geschnittenen Bäume.*

UNTEN RECHTS: *Kontrastierende, fächerartig angeordnete Pflanzen, einfarbig oder in verschiedenen Grüntönen, kommen in Übertöpfen aus Metall oder Terrakotta gut zur Geltung.*

LINKS: Dank durchdachter Planung, Struktur und Bepflanzung wurde aus einem winzigen Hinterhof ein bezaubernder Außenraum für den Sommer. Durch das dekorative Gitterwerk und die Töpfe an der Wand wirkt dieser Ort noch intimer. Die Bank und die Bodenvase sind von üppig sprießenden und eleganten weißen Pflanzen eingerahmt, und durch den runden Tisch wird der geringe Platz optimal genutzt.

ROALD
D·A·H·L
50 Metre

Kinder-zimmer

Das Bedürfnis, ein behagliches Nest zu bauen, liegt in der Natur des Menschen, und die Aussicht auf ein neues Familienmitglied kann werdende Eltern in einen wahren Dekorationstaumel stürzen. Doch vergessen Sie nicht, daß aus Babys rasch Kleinkinder werden, dann Schulkinder, und ehe Sie sich versehen, sind aus Ihren Babys Teenager geworden …

LINKS: Die Einrichtung dieses Zimmers ist gut durchdacht, damit es mit seinem Bewohner wachsen kann. An dem eingebauten Tisch hat Ihr Sprößling genug Platz zum Spielen oder Lernen; darunter ist viel Stauraum.

RECHTS: Für die kleinen Freunde Ihres Kindes sollte ebenfalls Platz sein.

RECHTS: Eine solche Petitpoint-Stickerei kann das Warten auf den neuen Erdenbürger verkürzen …

GANZ RECHTS: Aus einem Gitterbett mit abnehmbarer Seite wird das erste richtige Kinderbett. Ein Bettvorleger ist angenehm unter den Füßen.

RECHTS: Ein wichtiges Kriterium bei der Auswahl von Kindermöbeln ist die Sicherheit; die Möbel sollten abgerundete Kanten haben und standfest sein.

Das Kinderzimmer

Babys oder Kleinkinder brauchen nicht viele Möbel in ihrem Zimmer. Zur Grundausstattung gehören ein Gitterbett, ein kleiner Schrank und Regale für Windeln, Kleider und Spielsachen, ein Wäschesack oder -korb, Lampen mit einem zusätzlichen Nachtlicht, Vorhänge oder Rollos zum Schutz vor einfallendem Tageslicht und bequeme Sitzmöglichkeiten für die Eltern.

Auf dem Boden des Kinderzimmers sollten Sie Platz für den Laufstall und für Spielsachen reservieren. Der Boden sollte wie alles andere im Zimmer abwischbar sein. Wählen Sie schlichte, aber kräftige Farben mit Mustern, die stimulierend wirken. Hängen Sie auch Bilder und Mobiles auf, denn interessante Objekte und Formen ziehen die Aufmerksamkeit Ihres Babys auf sich.

OBEN: *Ein hübscher Teppich und frei kombinierbare, einfach aufzubauende Regaleinheiten mit bemalten Schubladen sind praktische, kostengünstige Lösungen für das Kinderzimmer.*

Das Dekorieren der Wände

Ein neuer Anstrich verändert das Kinderzimmer am schnellsten. Auch wenn man geneigt ist, die traditionellen Pastellfarben aus der ersten Zeit beizubehalten, sollte man sich eher an die wesentlich anregender wirkenden klaren Grundfarben halten – Rot ist die Lieblingsfarbe fast aller Kinder! Beziehen Sie Ihre älteren Kinder bei den Entscheidungen über die Dekoration mit ein; häufig haben sie eigene Vorstellungen, und ein Nebeneffekt ist , daß sie lernen, mit Geld umzugehen.

Ein farbenfroher Look entsteht, wenn Sie die Wände wie ein Kaleidoskop streichen: eine violett, die andere gelb, die dritte blau und die nächste rot. Bettüberwurf, Vorhänge und Accessoires in aufeinander abgestimmten Farben fügen sich zu einem schönen Gesamtbild zusammen. Sie können auch ein Dekorationsthema wählen: Schiffe und Seefahrt sind ein sehr beliebtes Thema, aber Sie können auch das Lieblingstier Ihres Kindes zum Thema machen. Wenn eine Tapete mit durchgängigem Muster optisch zu dominant wirken würde, können Sie damit nur die Wand neben dem Bett tapezieren. Wenn Ihre Kinder sich für Computer und Technik begeistern, kann ein schwarzweißes High-tech-Motiv in Kombination mit einem Bettüberwurf in Knallrot oder einer anderen Grundfarbe ausdrucksstark und stilvoll wirken.

RECHTS: *Über die gesamte Wand oberhalb des Sockels wurden mit der Schablone reizvolle Giraffen als Hauptmotiv aufgetragen. Das eher strenge Muster mit den Tierpaaren wird durch flügelschlagende Libellen aufgelockert.*

GANZ RECHTS: *Ansprechend ist auch eine Kinderzimmer-Dekoration mit einem breiten Schablonenfries aus Tieren und Blättern, das in Augenhöhe des Kindes ringsherum auf die Wände aufgetragen wird. Es ist ein hübscher Blickfang beim Aufstehen und Schlafengehen.*

Vorhänge für Kinder

UNTEN: Der untere Rand dieses zur Seite geschobenen Vorhangs aus Madras- und Gingan-Baumwolle in frischen Farben, ist mit einer Borte aus riesigen Blütenblättern verziert. Der gründgelbe Stoff paßt farblich zum Anstrich und zu den Dinosauriern, die gemeinsam das Zimmer dominieren.

Heutzutage haben fast alle namhaften Designer eine Kinder-Kollektion, und somit gibt es eine riesige Auswahl an Stoffen. Wenn Sie Zeit haben, können Sie Vorhänge selbst mit phantasievollen Borten und dekorativen Zusätzen verzieren.

Leuchtende Streifen in Rot-Weiß, Gingan oder ein Karomuster sehen in einem Kinderzimmer sehr schön aus; bunt und vielseitig sind Tupfenmuster mit Borten aus passendem, kleiner gepunktetem Stoff. Hübsche, gesteppte Vorhänge sorgen im Winter für Gemütlichkeit; zu diesem Zweck eignen sich als elegantere Lösung auch an Schlaufen aufgehängte Wolldecken. Die Stoffe für das Kinderzimmer sollten in jedem Fall waschbar und feuerfest sein.

RECHTS: An den leuchtend blauen Vorhängen mit gelben Tupfen sind abnehmbare, übergroße Zahlen mit Wattefüllung in kontrastierenden Stoffen angebracht. Sie können mühelos abgenommen und wieder angebracht werden, da sie mit einem Klettband versehen sind. Mit diesen cleveren und ansprechenden Motiven machen die ersten Rechenstunden Spaß.

LINKS: Wird dieser Vorhang abends zugezogen, erscheinen Reihen mit Löwen, Tigern, Krokodilen und Vögeln, die fröhlich über das Fenster marschieren und mit ihren lebhaften Farben zu dem über die Wand verlaufenden abstrakten Fries passen. Die horizontalen Streifen unterstreichen die Breite der Fenster.

LINKS: Ein Hochbett mit einer hübschen Leiter hilft Platzprobleme lösen und macht das Zubettgehen zu einem Vergnügen. Der Raum unter dem Bett wird zu einer gemütlichen Höhle, wo Spielzeuge und Unordnung in einer Wühlkiste oder hinter Vorhängen verschwinden.

RECHTS: Je hübscher der Behälter, desto eher wird er benutzt. In bemalten Holzschachteln können Stifte, Murmeln, Büroklammern, Münzen und andere kleine Schätze aufbewahrt werden.

OBEN: Aus einer Spielzeugkiste wird eine Schatzkiste, wenn mit einer Schablone Pferdemotive aus Papier ausgeschnitten, auf die Kiste geklebt und dann lackiert werden.

RECHTS: In dieser geräumigen Schachtel verschwindet das Spielzeug im Nu; sie ist mit Stoff bezogen, und die lustigen Tupfenapplikationen wurden mit einem in wasserabweisende Acrylfarbe getauchten, runden Schwamm aufgetragen.

Das Aufbewahren im Kinderzimmer

Je größer die Kinder, desto mehr Platz brauchen sie zum Aufbewahren ihrer Sachen. Eine Schubladenkommode oder ein kleiner Schrank für Kleidung, Regale für Bücher und Spielsachen und eine Spielzeugkiste gehören zur Grundausstattung.

Da sich Koffer bei Kindern besonderer Beliebtheit erfreuen, macht es ihnen viel Spaß, ihre Sachen in reihenweise übereinander gestapelten Pappschachteln oder Segeltuchbeuteln zu verstauen.

Wenn die Kinder größer werden, entwickeln sie neue Hobbys: Rollschuhe und Schlittschuhe können sie auf eine Hakenleiste hängen. Eine auf einer Hartfaserplatte befestigte elektrische Eisenbahn kann hochkant aufgestellt oder sogar an die Decke gehängt werden.

OBEN: Bei diesem einfachen, stabilen Kinderschreibtisch sorgen eingebaute Fächer dafür, daß Füller und Stifte nicht herunterrollen und verloren gehen.

LINKS: Zeichnungen, Fotos und Bilder können an einer Kork-Pinwand angebracht werden. Das Buchstabieren läßt sich gut auf einer an der Wand befestigten Tafel üben, die außerdem noch für Notizen und Mitteilungen genutzt werden kann.

junk
receipts
tapes
paper
Letters
QX
old files

Paravents, alte Möbel

Sind praktische Lösungen bei Einrichtungsproblemen gefordert, bietet es sich an, auf illusionistische Mittel zurückzugreifen. Das Abschirmen eines Arbeitsbereiches, das Aufteilen eines Raumes und das Verbergen funktioneller Einrichtungen hinter einer ansehnlichen Fassade mag schwierig erscheinen, doch mit einem Paravent, Geschicklichkeit und Einfallsreichtum ist es ein Leichtes.

LINKS: Die Paravents im maurischen Stil mit dazu passenden Hängelaternen teilen den Schlaf- und Wohnbereich in einem großen Raum elegant ab.

RECHTS: Schlichte, funktionelle Möbel erfahren durch gemalte, vergoldete Verzierungen eine zauberhafte Verwandlung.

Paravents

Das Leben in großräumigen Häusern führt uns merkwürdigerweise in die Vergangenheit zurück, als den Zimmern noch keine spezifische Funktion zukam und die Menschen sich im Schlafzimmer gewaschen und im Salon oder im Wohnzimmer gegessen haben. Zusammenklappbare und tragbare Paravents wurden häufig dazu genutzt, einen Raum zu teilen, Privatsphäre zu schaffen oder vor Zugluft zu schützen, wenn man im Sessel vor dem Kamin saß.

Paravents gehören tradtionell in orientalisch eingerichtete Häuser; in China verlieh eine gemalte oder mit Lack gearbeitete Szene einem schlichten Raum besonderen Charme. In Japan werden Paravents aus Papier und Bambus benutzt, um die verschiedenen Wohnbereiche zu trennen. Diese können dann bei Bedarf zur Seite geschoben oder zurückgeklappt werden.

OBEN: Gewebtes Gitterwerk aus breiten Bändern in raffinierter Farbzusammenstellung wurde kunstvoll als Füllung für diesen Paravent mit schlichtem Holzrahmen eingesetzt.

RECHTS: Ein interessantes, modernes Flickwerk aus Karton (Karten), das in Farben gleicher Schattierung grob bemalt und in fast gleich große Rechtecke geschnitten wurde, wird von dekorativen Metallscharnieren zusammengehalten.

RECHTE SEITE: Ein zauberhaftes, stilisiertes Schablonenmotiv mit Lilien in einem Blumentopf über einem Garten voller Gänseblümchen schmücken diesen eleganten Paravent für einen traditionell bzw. im Landhausstil eingerichteten Raum.

LINKE SEITE: Ein kleiner Schirm läßt sich einfach und wirkungsvoll restaurieren, wenn Sie auf einer ausziehbaren Gardinenstange aus Stahldraht ein Stück Chintz in fließende Falten legen; der alte Holzrahmen wurde bemalt und anschließend geklopft.

LINKS: Diese herrliche Petit-Point-Stickerei, eine Darstellung der Fabel vom Fuchs und dem Raben, paßt gut zum klassischen Landhausstil mit dunklen Eichenmöbeln und zeugt von der Schönheit mittelalterlicher Stickerei.

OBEN: Sie können einen altmodischen Schirm mit nostalgischen Ausschnitten und viktorianischen Motiven schaffen, die auf die Oberfläche geklebt und mattgelb lackiert werden.

Kleine Schirme

Normalerweise werden mit kleinen Schirmen leere Kamine abgedeckt, da diese düster und wenig einladend aussehen, wenn sie in der warmen Jahreszeit nicht benutzt werden; ebenso kann dahinter der Fernseher verschwinden, der eher nicht zur traditionellen Einrichtung paßt. Außerdem bieten sie Ihnen die Gelegenheit, Ihr handarbeitliches Können unter Beweis zu stellen.

Kaminschirme, die aussehen wie ein Bilderrahmen auf einem Gestell, können Sie oft sehr günstig beim Trödler erstehen, um sie dann selbst aufzuarbeiten. Sticktücher und Stücke schöner alter Stoffe, die auf die Rahmengröße zugeschnitten sind, kommen darin sehr gut zur Geltung und dienen als dekorativer Blickfang.

Das Unterteilen von Räumen

In einer Zeit der Großraumwohnungen, die in erster Linie viel Platz in wenigen Zimmern bieten sollen, können wir uns bei der Raumaufteilung ein Beispiel an den Japanern nehmen, in deren Heimat die Wohnbereiche streng geteilt und mit Schiebetüren aus Reispapier getrennt sind, die bei Bedarf geöffnet werden.

In England wurden in den viktorianischen Häusern oft große Trennwände zwischen dem Salon im Vorderbereich, der für besondere Anlässe vorbehalten war, und dem Hinterzimmer für den täglichen Gebrauch, eingehängt. Diese Trennwände erfüllen auch heute noch ihre Funktion und sind darüber hinaus dekorativ. Mit schmückenden Bändern gehaltene Vorhänge erfüllen denselben Zweck. Wenn Gäste kommen, kann in einem Großraumappartement der Schlafbereich hinter einem Vorhang verschwinden.

Sehr elegant ist es zum Beispiel, zwischen Eßzimmer und Wohnzimmer eine lichtdurchlässige Jalousie aus Bambus an der Decke aufzuhängen. Manchmal lassen Architekten eine Halbwand aufhängen oder aufstellen, die nach oben und unten offen ist; dadurch sind die Bereiche zwar festgelegt, doch der Eindruck von Offenheit geht nicht verloren. Eine weitere Aufteilungsidee besteht darin, zum Beispiel zwischen Küche und Eßzimmer oder zwischen Schlafzimmer und angrenzendem Bad eine »durchbrochene« Halbwand einzusetzen, wie man sie in orientalischen Häusern findet, die kurz unterhalb der Decke aufhört und mit Vierkantlöchern versehen ist, die zum Abstellen von Glasflaschen oder Ziergegenstände genutzt werden können.

Auch ein gut durchdachtes Beleuchtungssystem kann als Raumteiler fungieren. Bei einer amerikanischen Küche mit Eßbereich wird das Licht über den Arbeitsflächen gedämpft und der Eßtisch beleuchtet. Ein Perlenvorhang in der Türöffnung zwischen Küche und Eßzimmer ist hübsch und preiswert.

LINKS: Mit drapierten Vorhängen zwischen einem geräumigen Wohnzimmer mit hoher Decke und einem Wintergarten können die beiden Bereiche verbunden oder getrennt werden und bieten durch die großen Fenster einen schönen Rahmen für die Aussicht auf den Garten. Im Winter können sie zugezogen werden, und im Sommer schützen sie vor blendendem Sonnenlicht.

RECHTS: Eine hohe Kommode, die mit Latexfarben ein Schottenmuster erhalten hat und anschließend lackiert wurde – Sie können auch nur die Griffe mit Karomustern versehen.

OBEN: Ein alter Schrank, der mittels Kartoffeldruck auf den Türfronten und Schubladen aufgearbeitet wurde – Rauten und Streifen in Terrakotta wechseln sich auf einem ockergelben Untergrund ab.

Alte Möbel aufarbeiten

Alte Möbelstücke sehen oft furchtbar aus, dennoch benutzt man sie weiter, da es ebenso schwierig ist, sich von ihnen zu trennen wie einen Ersatz zu finden. Aber könnte man nicht die Mängel mit etwas Geschick zu übermalen?

Mit einer solchen Überarbeitung kann man vorteilhafte Elemente betonen und Schwächen verdecken. Wuchtige Kleiderschränke zum Beispiel wirken mit einem aufgebrochenen Anstrich in diskreten Farben, die mit der Wandfarbe verschmelzen, kleiner. Durch ein einheitliches Farbschema kann man zwischen zusammengewürfelten Küchenstühlen eine Verbindung schaffen, und eine Anrichte wird durch ein hübsches schabloniertes Muster zu einem gefälligen, nützlichen Möbelstück. Dekorative Elemente sollten immer mit der Form des Möbels im Einklang stehen – fröhliche Streifen oder Karos für klobige Schränken oder naive Malerei auf einer mit Schnitzwerk versehenen Anrichte. Auf Tabletts passen gut Muster mit geometrischen Formen.

UNTEN: *Die aus Zeitschriften ausgeschnittene, farbenfrohe Découpage-Dekoration betont die Türen dieses Sideboards.*

Feste und Feiern

Ein Anlaß zum Feiern ist für Sie die Gelegenheit, alle Register zu ziehen: das beste Porzellan, poliertes Silber, leuchtende Kerzen und wunderschöner Blumenschmuck – eben alles, was dazugehört. Sie haben Gäste zu einer besonderen Feier eingeladen und möchten, daß sich alle gut unterhalten. Damit dieses Fest wirklich etwas Besonderes wird, müssen die Vorbereitungen gut geplant sein.

LINKS: *Die formale Symmetrie dieser opulent in Gold, Silber, Grün und Weiß gedeckten Tafel wird durch lange Efeuranken aufgelockert.*

RECHTS: *Für festliche Anlässe können Sie einen Teller aus silbernem Pappmaché basteln und ein Kronenmotiv hinzufügen.*

OBEN: Ein ausgefallenes scharlachrotes Rollo, mit goldenen Sternen bedruckt, für die Weihnachtszeit

RECHTS OBEN: Eine am Treppengeländer angebrachte, reichgeschmückte, fließende Girlande aus Kiefer

RECHTS: Diese gelungene Komposition besteht aus Immergrün in allen erdenklichen Formen und Zeichnungen des Wintergartens; die Beeren der Stechpalmenzweige ergänzen diesen Schmuck um das traditionelle Weihnachtsrot.

LINKS: Hier eine bezaubernde und originelle Idee, falls Sie nicht wissen sollten, wo Sie die schönen Weihnachtskarten aufbewahren können: Befestigen Sie sie doch einfach an einer Girlande aus Immergrün!

Die Weihnachtsdekoration

Ausreichend Zeit für die weihnachtlichen Vorbereitungen zu haben, ist in diesen Tagen das A und O. Das Dekorationsthema, für das Sie sich entschieden haben, muß zu Ihrer Grundeinrichtung passen. Wenn Sie den Landhausstil oder einen traditionellen Look bevorzugen, dann schmücken Sie Zimmer und Diele mit üppigen Girlanden aus Immergrün, Tannenzapfen, getrockneten Blumen und Bändern. In einem modern eingerichteten Raum kommen natürliche, würzig duftende Gestecke und Päckchen aus Gewürzen und Kräutern – Zimt, Rosmarin, Lavendel – auf skulpturähnlich angeordneten kahlen Zweigen gut zur Geltung.

GANZ OBEN: Modeliermasse wird ausgerollt, in schöne Formen geschnitten und gebacken. Nach dem Erkalten werden die Formen mit Metallic-Farbe besprüht und mit Plastiksteinchen und Goldbändern beklebt.

OBEN: Dieser zierliche, herzförmige Kranz wurde mit künstlichen Blättern und mit Rosenöl parfümierten getrocknete Blumen gebunden.

Am Kamin

Zu den bleibenden Kindheitserinnerungen gehört ein Kaminfeuer, dessen glühender Schimmer über funkelnden Weihnachtsschmuck, immergrüne Blätter und scharlachrote Beeren huscht.

Als Alternative zu der traditionellen Kaminsimsdekoration aus roten Kerzen in silbernen Kerzenständern können Sie mehrere vergoldete Blumentöpfe nebeneinander aufstellen, diese mit vergoldeten Nüssen auffüllen und Kirchenkerzen hineinstecken oder auch gebundene Zweige in einem silbernen Gefäß arrangieren, in dem winzige Lichter glühen. Schmücken Sie den Kamin üppig mit Stechpalmenzweigen und Efeuranken, und mit hauchdünner Goldbemalung setzen Sie glänzende Akzente in Blattgirlanden. Verteilen Sie winzige Schnürbeutelchen aus Samt und Seide auf Girlanden aus Immergrün; und eine prächtige rote Amaryllis ist ein eleganter Farbtupfer.

OBEN RECHTS: Durch ein Kerzengesteck aus frischen und getrockneten Früchten, Blumen, Nüssen in Terrakottatöpfchen, Tannenzapfen und duftendem Lavendel entsteht eine strahlende, festliche Atmosphäre.

RECHTS: Dieser Kaminsims ist mit Kerzen harmonisch geschmückt und bietet mit den Karten ein ruhiges Bild.

RECHTE SEITE: Weihnachtssterne, Lampionpflanzen, Stechpalmenzweige und Misteln sind mit feinen Ästen zu einer schönen Girlande gebunden.

LINKE SEITE: Lange cremefarbene Schärpen und gelbe Bänder teilen einen runden Tisch für ein elegantes Osterfrühstück auf. In der Mitte des Tisches befindet sich ein Nest mit Hühner- und Wachteleiern, umgeben von elfenbeinfarbenem, in Gußformen gepreßtem Porzellan, Platzdeckchen aus Organdy und mit Schleifen zusammengehaltenen Servietten.

Ostern

Die Osterzeit eignet sich wunderbar, um Feste zu feiern, besonders mit Kindern, die sich Schokoladeneier jeder Form und Größe schmecken lassen: Verstecken Sie diese in verschiedenen Zimmern oder überall im Garten, mit kleinen schriftlichen Hinweisen. Das Bemalen von Holzeiern oder echten (hartgekochten!) Eiern macht allen Kinder großen Spaß. Mit Essig eingeriebene, gekochte Eier erhalten durch Zwiebelschalen eine dezente Tönung; bemalen Sie sie mit Gesichtern oder einem traditionellen Bauernmuster und legen Sie sie in eine Schale oder einen Korb für den Frühstückstisch.

Zu Ostern gehören kuschelige Häschen und gelbe Küken, die Sie Ihrer allgemeinen Dekoration hinzufügen können. Dies gilt ebenso für zierliche Frühlingsblumen: Blaßgelbe Schlüsselblumen, leuchtende Primeln und zarte Veilchen sehen in einem Terrakottatopf oder in einem mit Moos ausgekleideten Drahtkorb zauberhaft aus, genau wie kleinere Zwiebelgewächse – Traubenhyazinthen, Blaustern, Miniaturnarzissen – oder zierliche Buschwindröschen und Waldmeister. Für größere Gestecke eignen sich Hasel- und Weidenkätzchenzweige sowie knospende Kastanienzweige, denn sie bringen den Frühling in Ihr Zuhause.

RECHTS: Die Eier sind mit strahlend blauen und violetten Farben bemalt und mit türkisfarbenen und goldenen Blumenmotiven gestempelt. Farben und Design passen gut zu den schlichten blau-gelben Motiven – Osterküken, Eier und Blumen, die mit Farbe auf die Teller und das weiße Tischtuch gedruckt sind.

OBEN: Leuchtend gelbe Blumen – Miniaturnarzissen, getrocknete Goldrute und gefärbtes Schleierkraut – wurden wie bei einem Kranz um Henkel und Rand eines geflochtenen Blumenkorbs gewunden. Der Korb ist mit Papierschnitzel aufgefüllt und mit Moos bedeckt; darauf liegen Wachteleier wie in ihrem Nest.

STOFFPFLEGE

Damit die Stoffe in Ihrem Zuhause lange halten und gut aussehen, sollten sie so wenig wie möglich strapaziert werden. Die meisten Vorhänge und Rollos werden irgendwann einmal verblassen, doch wenn Sie sie tagsüber immer zurück- bzw. hochgezogen lassen, werden Sie länger Freude an ihnen haben. Anders verhält es sich natürlich mit Gardinen, die immer zugezogen bleiben. Kissen und Polster können mit einem Stoffpflegespray besprüht werden und erhalten auf diese Weisen einen wasserabstoßenden Silikonüberzug. So können verschüttete Flüssigkeiten gar nicht erst tief in den Stoff eindringen und Flecken verursachen, sondern einfach abgewischt werden. Möbelstoffe verstauben leicht und sollten daher regelmäßig abgesaugt werden; so vermeiden Sie größere Verschmutzungen.

Kleinere Flecken

Kleinere Flecken können sofort mit handelsüblichen Fleckentfernern, die zum Beispiel relativ gut gegen Fett-, Wein- und Kaffeeflecken wirken, beseitigt werden. Saugen Sie zunächst mit einem Lappen so viel wie möglich von dem Fleck auf und testen Sie anschließend den Fleckentferner auf einem Stück Reststoff oder an einer unauffälligen Stelle. Bei Seide oder Wolle sollten Sie auf keinen Fall Wasser verwenden, da die Farbe ausbluten oder der Stoff einlaufen kann.

Reinigung

Bei der Reinigung eines Stoffes sollten Sie grundsätzlich die Pflegehinweise des Herstellers beachten. Rollos und auch die meisten Vorhangstoffe sollten Sie nach Möglichkeit chemisch reinigen lassen und besser nicht eigenhändig mit Markensprays behandeln. Es gibt Firmen, die zu Ihnen ins Haus kommen, vor Ort die Vorhänge und Rollos reinigen und sie anschließend sogar wieder anbringen. Einfache, ungefütterte Vorhänge können Sie selbst waschen, doch denken Sie daran, daß viele Stoffe einlaufen, ganz besonders Naturfasern. Überprüfen Sie den Stoff zuerst auf Maschinenwaschbarkeit, Farbechtheit und darauf, ob er beim Waschen eingeht.

Beim Zuschneiden nicht vorgewaschener Stoffe müssen Sie berücksichtigen, daß sie eventuell noch einlaufen. Es ist also immer besser, Stoffe vor dem Nähen einmal zu waschen. Manche Stoffe laufen bei jeder Wäsche ein. In diesem Fall sollten Sie einen ausreichend breiten Saum einplanen, der bei Bedarf immer weiter herausgelassen werden kann. Damit Sie bei Rollos keine bösen Überraschungen erleben, sollten Sie sie nur dann selbst reinigen, wenn der Stoff vorgewaschen ist. Für die Waschmaschine müssen alle Messingringe, Kordeln und Holzteile entfernt werden. Vorhangstoffe mit Zwischenfutter sollten Sie grundsätzlich nicht selbst waschen und gefütterte Vorhänge nur dann, wenn sich der Futterstoff abnehmen läßt. Futterstoff und Vorhangstoff können unterschiedlich stark einlaufen, und damit verlöre der Vorhang seine Form. Bei der Wahl eines Dekorationsstoffes – wo auch immer Sie ihn einsetzen – sollten Sie auch seine Reinigung und Pflege in Betracht ziehen und Ihre Entscheidung auch davon abhängig machen, wie aufwendig dies sein wird. Wichtig ist diese Überlegung besonders beim Kauf eines Tischtuchs.

Bei gefütterten Überzügen sollte das Kissen in die Hülle gesteckt werden, solange der Bezug noch feucht ist. Auf diese Weise wird der Stoff beim Trocknen automatisch in die richtige Form gezogen. Auch alle mit Schnüren, Fransen und Quasten verzierte Artikel geben Sie besser in die Reinigung. Bewahren Sie immer Stoffreste von Polstern und Bezügen auf. An ihnen können Sie Reiniger austesten, bevor Sie sich an das betreffende Stück selbst wagen und eventuell häßliche Flecken erzeugen. Stoffreste dienen auch dazu, Schäden ausbessern bzw. Flicken für verschmutzte Stellen anzufertigen. Auch bei der Auswahl passender Stoffe und Möbel sind Reste sehr nützlich.

VORBEREITEN DES ANSTRICHS

Die Vorbereitung von zu streichenden Flächen ist mühsam und zeitaufwendig, aber leider unvermeidlich. Je mehr Zeit Sie darauf verwenden, die Wände mit Schmirgelpapier zu bearbeiten und Löcher mit Spachtelmasse zu füllen, desto besser wird das Ergebnis. Alte Tapeten sollten entfernt werden. Es gibt dafür spezielle Abdämpfgeräte, die gemietet werden können. Außerdem sind im Handel Lösungsmittel auf Acrylbasis erhältlich, womit das Ablösen der Tapeten aber langwieriger und weniger effektiv ist. Sind die Wände beschädigt oder bröckelig, sollten Sie neu verputzt werden. Je länger der Putz vor dem Streichen Gelegenheit hat zu trocknen, desto besser. Verwenden Sie für den Anstrich Farbe auf Wasserbasis, damit der Putz atmen und richtig austrocknen kann. Trotz aller Vorkehrungen kann es passieren, daß sich in einer tragenden Wand auch nach vier Monaten noch Haarrisse bilden. Bei einer mit Latexfarbe (Emulsion) gestrichenen Wand kann man sie vorsichtig ausfüllen und überstreichen; bei Lasuren und Effektanstrichen lassen sich solche Risse kaum ausbessern.

Pinselreinigung

Gute Pinsel sind nicht billig, lassen sich aber bei sorgfältiger Pflege lange verwenden. Acryllasuren und -farben trocknen schnell, so daß die Pinsel immer sofort ausgewaschen werden sollten. Tauchen Sie den Pinsel dazu in warmes Wasser mit einem flüssigen Reinigungsmittel. Bürsten Sie dann mit einer Drahtbürste fest durch die Borsten, um eventuelle Farbreste zu entfernen. Wenn ein Pinsel nicht gereinigt wurde und die Farbe bereits festgetrocknet ist, weichen Sie ihn vor dem Auswaschen in warmem Wasser und einem milden Reinigungsmittel mit denaturiertem Alkohol (Brennspiritus) ein.

Pinsel mit weichen Borsten müssen besonders sorgfältig gepflegt und nach jedem Gebrauch ausgewaschen werden. Wenn Sie Farbe auf Ölbasis verwenden, reinigen Sie die Borsten mit Testbenzin (Terpentinersatz) und anschließend noch mit warmem Wasser und einem milden Reinigungsmittel.

GLOSSAR – ACCESSOIRES UND TEXTILIEN

Applikationen: Muster aus Stoffen, die auf einen anderen Stoff aufgebracht werden

Bleistiftfalten (auch Französische Falten)**:** Gruppen von jeweils drei schmalen Falten über die ganze Breite des Vorhangs. Es gibt spezielle Kopfbänder dafür, aber handgenäht sehen die Falten noch schöner aus.

Brokat: Schwerer gewebter Stoff mit erhabenen Mustern und eingewebten Gold- oder Silberfäden. Brokat wurde traditionell aus Seide gefertigt, heute auch aus Baumwolle.

Buckram: Steifer Einlagefutterstoff, auch Schneiderleinen genannt, der Falten am Kopfband des Vorhangs und Zurückhaltern Festigkeit verleiht. Aus Baumwolle oder Jute gemacht, ist er in verschiedenen Gewichten erhältlich. Buckram gibt es zum Einnähen oder Aufbügeln, wobei es durch die Hitze des Bügeleisens mit dem Stoff verschmilzt.

Chenille: weicher Stoff aus flauschigem Baumwollgarn, das ihm die weiche Struktur verleiht. Der Name entspricht der französischen Bezeichnung für eine haarige Raupe.

Chiffon: leichter, durchsichtiger, schleierartiger Stoff aus Seide oder Kunstseide

Chintz: durch Wachsüberzug glänzend gemachter Baumwollstoff, meist bunt gemustert

Damast: Stoff mit eingewebtem, gleichfarbigem Muster, das etwas erhöht auf einem ebenen Untergrund erscheint. Damast wird aus verschiedenen Fasern wie Wolle, Seide und Baumwolle hergestellt und eignet sich gut für Vorhänge, Kissenbezüge und Schonbezüge. Aus Damast bestehen auch elegante traditionelle Tischdecken.

Dupion: leichtgewichtige Seide mit strukturierter Oberfläche für Vorhänge und Sofakissen; gibt es auch aus Kunstseide

Einlagen: ein lichtundurchlässiges Stoffstück, das zwischen zwei Lagen Baumwollstoff genäht wird

Endknäufe: dekorative Knäufe an beiden Seiten einer Vorhangstange, die verhindern, daß der Vorhang von der Stange rutscht

Fischgrätengewebe: Gewebe in Köperbindung mit Fischgrätenmuster. Es ist kräftig und haltbar, also eine gute Wahl für Vorhänge.

Futter: Baumwollstoff zur Hinterlegung von Vorhängen und Stoffrollos. Das Standardfutter besteht aus fest gewebtem Baumwollsatin, das gut die Form behält. Meistens nimmt man die Farben Creme oder Weiß, aber auch andere Farben sind verfügbar.

Gardinenclips: dekorative Klammern an einem Ring. Die Vorhangstange läuft durch die Ringe, während die Clips den Vorhang oder die Gardine an der Oberkante festhalten.

Gardinenstange: dünne Stange, die durch eine genähte Tasche im Vorhang gesteckt wird, so daß der Vorhang oder die Gardine in Falten gelegt wird. Oben und unten angebracht, kann man so auch Scheibengardinen spannen.

Gaube: auch Gaupe; Dachaufbau für ein stehendes Dachfenster auf der Dachschräge

Gehrung: eine Technik, bei der sich die Säume in einem Winkel von 45° treffen, was eine saubere und ordentliche Ecke ergibt

Gestanzte Öse: ein zweiteiliger Metall- oder Messingring. Mit Hilfe eines Stanzwerkzeugs wird ein Loch in den Stoff gestanzt und je ein Ring auf der Vor- und Rückseite des Stoffes zu einer Öse zusammengepreßt.

Gingan: ein schlichter, karierter Baumwollstoff

Gobelin: schwerer, maschinengewebter Stoff, der den Look eines traditionell handgewebten Wandteppichs imitiert. Wegen seiner reichen Struktur ist der Stoff für schwere Vorhänge und Stoffrollos ideal.

Gobletfalten: handgenähtes Kopfband mit eingelegten Falten, die ausgestopft werden, damit sie ihre Form behalten

Heften: lange Stiche, um zwei oder mehr Lagen Stoff zusammenzuhalten, die dann zusammengenäht werden

Jute (Rupfen)**:** ein lose gewebter, grob strukturierter Stoff, der aus Fasern der Jutepflanze hergestellt wird. Ideal für Stoffrollos, Kissen und Tischdecken im Naturlook

Kattun: ein roher, ungebleichter Baumwollstoff mit glatter Struktur. Er wird üblicherweise als Futter- oder Einlagestoff verwendet, ist heutzutage aber auch für einfache Vorhänge und Stoffrollos beliebt.

Kettfaden: der Faden eines Gewebes, der von oben nach unten läuft

Kopfband: Verarbeitung der oberen Stoffkante eines Vorhangs oder Rollos mit einem Band. Stilrichtungen gibt es von einfachen Kopfbändern, mit deren Hilfe der Vorhang gekräuselt wird, bis hin zu komplizierten Falten.

Latte: eine Holzlatte (meist 5 cm x 2,5 cm), die an die obere Kante eines Stoffrollos angebracht und an der Wand, der Decke oder dem Fensterrahmen befestigt wird

Leinen: ein hübscher, haltbarer Stoff, der aus Flachs hergestellt wird. Leinen kann entweder sehr fein gewebt sein oder auch eine offenere Struktur haben. Obwohl in vielen Farben und Mustern erhältlich, sieht Leinen in natürlichen Farbtönen am besten aus.

Moleskin: wiederholt gerauhtes, dichtes Baumwollgewebe mit einer weichen, samtigen Oberfläche. Ideal für dauerhafte Kissenbezüge

Musselin: feines, durchsichtiges Baumwollgewebe. Die meisten Musselinstoffe sind einfarbig, einige haben auch ein weiß gedrucktes Muster. Musselin wird für Gardinen und Stores verwendet.

Nackenrolle: einfaches Kissen in Form einer Rolle

Organza: feines Gewebe aus Naturseide, durchsichtig und mit einer leicht steifen Struktur

Paspelieren: mit einer Paspel (Zierstreifen) versehen, eine hübsche Verzierung für die Kanten von Vorhängen, Stoffrollos und Kissen. Schrägstreifen eines Stoffes werden um eine Kordel genäht und in die Nähte eingefügt.

Popelin: leichter, dichter, fester Baumwollstoff

Querbehang: gekräuselter oder in Falten gelegter kurzer Stoffbehang aus demselben Stoff, der an die Oberkante eines Vorhangs genäht wird

Quilt-Decke: wattierte Überdecke, wobei die Wattierung zwischen zwei Stofflagen liegt und alle Lagen zusammen abgesteppt werden

Samt: Gewebe, meist aus Baumwolle, mit kurzer, dichter, aufgeschnittener Flordecke. Je nach Lichteinfall absorbiert oder reflektiert der Flor das Licht und läßt den Stoff dunkler oder heller erscheinen. Deswegen muß beim Zuschneiden darauf geachtet werden, daß der Flor immer in derselben Richtung verläuft.

Schabracke: eine breite Blende, die über die ganze Breite des Vorhangs und an beiden Enden im rechten Winkel bis zur Wand läuft. Vorhangstange und Oberkante des Vorhangs werden von der Schabracke, die meistens mit demselben Stoff bezogen ist, verdeckt.

Schachtelfalte: flache Falten an der Oberkante eines Vorhangs

Schußfaden: der Faden eines Gewebes, der von einer Seite zur anderen läuft

Segeltuch: ein kräftiger, fest gewebter Baumwollstoff mit gleichmäßiger Struktur. Segeltuch wird dort angewandt, wo Festigkeit Priorität hat, zum Beispiel bei Regiestühlen und Gartenmöbeln.

Seidenrips: seidiger Stoff mit einer gerippten Oberfläche, aus dem häufig Bänder hergestellt werden

Sitzkissen: ein gerade geschnittenes Schaumstoffkissen in der Form der Sitzfläche mit passendem Bezug

Store: auch Gardine genannt; weißer, durchsichtiger Fenstervorhang

Taft: steifer, glänzender Seiden- oder Halbseidenstoff. Die Kett- und Schußfäden haben einen etwas anderen Farbton, was dem Stoff eine changierende Oberfläche verleiht. Er fällt gut und eignet sich daher für lange Vorhänge.

Tasche (Vorhänge und Stoffrollos)**:** ein Schlitz, der am oberen Ende eines Vorhangs oder eines Stoffrollos genäht wird. Durch die Tasche wird anschließend die Vorhangstange geschoben.

Thermofutterstoff: ein Baumwollfutterstoff, der mit einer Aluminiumfolie zur Wärmeisolierung hinterlegt ist

Toile de Jouy: ein Baumwollstoff, der ursprünglich in der französischen Stadt Jouy hergestellt und mit ländlichen Motiven bedruckt wurde

Twill: fester, haltbarer Stoff aus Baumwolle oder Seide in Doppelköperbindung

Vorhanggewichte: Knöpfe aus Messing, Holz oder Kunststoff mit je einem Loch, durch das die Schnur eines Rollos oder Vorhangs gezogen wird

Wandhalter: an der Wand angebrachte Halterungen oder Träger für Vorhangstangen, üblicherweise aus Messing oder Holz

Wattierung: flauschiges, faseriges Material zum Ausstopfen von Quilts und Gobletfalten

Wattierung: flauschiges, faseriges Material zum Füllen von Decken und zum Unterlegen von Plisseefalten

Wollstickerei: gesticktes Oberflächenmuster, oft in mühseliger Arbeit mit der Hand gestickt, häufig in reichen Blumenmotiven. Es sieht auf Überdecken und Kissen besonders effektvoll aus.

Zugvorrichtung: ein Schnursystem für Faltrollos, wobei die Zugschnüre durch Ringe gezogen und auf der Rückseite angenäht werden, damit man das Rollo hochziehen kann

Zurückhalter: eine Schlaufe aus Stoff, Kordeln, Schleifen oder beliebigen anderen Materialien, die den zurückgezogenen Vorhang hält

Zwischenfutter: Futter zwischen Oberstoff und Futter aus gekämmter Baumwolle. Zwischenfutter werden zur Isolierung für Vorhänge oder Stoffrollos verwendet, sie geben dem Vorhang außerdem mehr Gewicht und Fülle.

GLOSSAR – FARBE UND PAPIER

Abkleben: um eine gerade Linie zu malen oder stupfen. Das Abklebeband wird zu beiden Seiten der vorgesehenen Linie angebracht und die Farbe dazwischen aufgetragen. Das Band wird anschließend wieder entfernt.

Antikisieren: eine Technik, mit der Abnutzungs- und Alterserscheinungen auf einer frisch gestrichenen Oberfläche simuliert werden

Architrav: der obere Teil des Mauerwerks über einer Tür oder einem Fenster

Aufbrechen von Farbe: eine Technik, mit der eine Oberfläche, zum Beispiel bei einer Tür oder einer Wandleiste, natürlich gealtert aussieht. Die Oberfläche wird mit Eierschalenfarbe gestrichen und dann lasiert. Anschließend wird die Lasur vorsichtig mit Stahlwolle abgehoben.

Bienenwachs: von Bienen produziertes Wachs, das von Dekorateuren verwendet wird, um einen Farbanstrich zu schützen und zum Glänzen zu bringen

Bildleiste: eine horizontale Profilleiste, die ursprünglich zur Bilderaufhängung gedacht war. In einem Raum durchschnittlicher Größe befindet sie sich gewöhnlich etwa 43 cm unterhalb der Kehlleiste. Je höher ein Raum, desto größer der Abstand zwischen den beiden.

Blattgold: hauchdünne Blättchen aus geschlagenem Gold, die zum Vergolden verwendet werden

Bodenfarbe: besonders robuste Farbe für die Verwendung auf Holz, Linoleum oder Beton

Bordüre: ein gestempeltes, freihändig gemaltes oder mit der Schablone aufgetragenes Muster, das eine Täfelung, eine Wand oder eine Tür umrahmt.

Bronzepuder: ein in mehreren Schattierungen erhältliches Metallpulver. Das Pulver kann zum Mischen metallischer Farben verwendet werden und ist ein ausgezeichneter Ersatz für Blattgold.

Découpage: das Verzieren einer Oberfläche mit aus Papier ausgeschnittenen Motiven. Die Motive werden sorgfältig aufgeklebt und anschließend lackiert.

Denaturierter Alkohol (Brennspiritus)**:** ein Lösungsmittel auf Alkoholbasis, das unter anderem zur Pinselreinigung verwendet wird

Durchziehtechnik: eine traditionelle Anstrichtechnik, bei der ein feinborstiger Spezialpinsel über eine lasierte Wand gezogen wird, um einen gleichmäßigen, linearen Effekt zu erzeugen. Die durchzogene Oberfläche kann auch mit einem speziellen Schlagpinsel »geklopft« werden, um die Streifenkonturen aufzulockern.

Farbtopf: ein kleines, eimerförmiges Gefäß aus Metall oder Plastik für die Aufbewahrung kleiner Farbmengen

Farbtünche: ein einfacher, aber wirksamer Effektanstrich mit einem halbtransparenten Finish. Über einen hellen Voranstrich wird eine Acryllasur aufgetragen und mit langen Pinselstrichen ausgebürstet oder mit einem weichen Tuch vorsichtig verwischt.

Feuchtschmirgelpapier: Schmirgelpapier, das angefeuchtet wird, um ein wirklich glattes Finish zu erreichen

Fresko: Maltechnik, gewöhnlich für Wände oder Decken, die auf dem noch feuchten Verputz ausgeführt wird

Fries: der Wandbereich zwischen der Kehlleiste und der Bildleiste. Bezeichnet auch ein dekoratives Band, das gewöhnlich dicht unterhalb der Decke entlang der Wand verläuft und aus Tapete, einem Schablonenmotiv oder frei gemalt sein kann.

Frottage: ein Verfahren, bei dem Zeitungspapier leicht auf nasse Farbe gedrückt und sofort wieder abgehoben wird, um ein unregelmäßiges Finish zu erzielen

Fugenfüller: ein feiner Mörtel, mit dem die Lücken zwischen Fliesen oder Steinblöcken gefüllt werden. Bei der Illusionsmalerei lassen sich die Fugen zwischen den Steinquadern durch gemalte Linien imitieren.

Fußleiste: eine schmale Kante entlang der Unterseite einer Wand

Glanzlack: Farbe auf Ölbasis mit einem hochglänzenden, schimmernden Finish

Holzmaserieren: eine Technik, mit der einer einfachen Holztür das Aussehen von Mahagoni, Eiche oder eines anderen kostbaren Holzes verliehen wird. Die Oberfläche wird lasiert, anschließend wird mit speziellen Pinseln die entsprechende Maserung hinzugefügt.

Imitationsanstriche: Anstriche, die andere Materialien imitieren, zum Beispiel Holz, Schildpatt oder Marmor

Kälken (Kalken)**:** eine Technik, die auf dem alten Brauch beruht, Holzmöbel mit verdünnter, beim Kälken der Wände übriggebliebener Kalktünche anzustreichen. Heutzutage wird dazu Weißwachs (eine Mischung aus Bienenwachs und Schlämmkreide) in das Holz eingearbeitet. Anschließend wird die Oberfläche poliert, wobei Reste des Weißwachses in der Maserung zurückbleiben.

Kalktünche: eine Mischung aus Kalk und Wasser, die als dekorativer, schützender Anstrich verwendet werden kann

Kammtechnik: eine einfache Anstrichtechnik, bei der die oberste Lasurschicht mit einem speziellen Werkzeug durchgekämmt wird, so daß die darunterliegende Grundfarbe zum Vorschein kommt. Durch das Hinzufügen weiterer Schichten kann ein Karoeffekt erzeugt werden.

Kehlleiste: eine profilierte Leiste, die entlang der Berührungslinie zwischen Wand und Decke verläuft

Krakelee (Krakelieren)**:** ein Finish mit einem rissigem Effekt, der durch das Auftragen zweier gegeneinander arbeitender Lackschichten erreicht wird

Lack: eine schützende, harzhaltige Lösung, die in drei Glanzgraden hergestellt wird: matt, seidenmatt und glänzend. Es gibt zwei Hauptlackarten: Acryllack auf Wasserbasis vergilbt nicht und ist elastisch, so daß er nicht zum Reißen neigt. Lacke auf Ölbasis trocknen langsamer und nehmen mit der Zeit einen Gelbstich an, wodurch die Farben wärmer und tiefer wirken.

Lackarbeiten: eine Technik, mit der das hochglänzende Finish chinesischer und japanischer Lackarbeiten nachgeahmt wird

Lasur: eine halbdeckende Mischung aus verdünnter Lasur und Pigmenten für Effektanstriche. Es gibt Lasuren auf Wasserbasis und auf Ölbasis.

Latex-Eierschalenfarbe: wasserlösliche Farbe mit einem seidigen Schimmer. Eierschalenfarbe eignet sich für Holzanstriche und als Grund für Acryllasuren auf Holz.

Latexfarbe (Emulsion)**:** eine matte Farbe auf Wasserbasis

Leimfarbe (Tempera)**:** eine Farbe mit einem kreidigen, matten Finish aus einer Mischung von Pigment, Schlämmkreide und Leim

Marmorieren: ein Verfahren zur Imitation von Marmor. Eine Acryllasur wird über einen hellen Grundanstrich aufgetragen und mit einem Stoffballen und einem weichen Pinsel geglättet, um eine marmorähnliche Zeichnung zu erzeugen.

Nut-und-Feder-Verbindung: Zwei Bretter werden miteinander verbunden, indem die Feder des einen in die Nut des anderen gesteckt wird. Diese Technik eignet sich für Holzvertäfelungen.

Öl-Eierschalenfarbe: eine langlebige Farbe auf Ölbasis mit einem seidigen Finish, die ideal für Holzwerk geeignet ist

Pigment: für Farben verwendetes Färbemittel

Primärfarben: die Farben, aus denen sich alle anderen Farben mischen lassen. Die Primärfarben sind Rot, Gelb und Blau. Durch ihre Mischung entstehen die Sekundärfarben.

Profilleisten: Zierleisten oder durchgehende Leisten mit Auskragungen oder Einkerbungen. Sockelleisten, Bildleisten, Kehlleisten und Fußleisten sind gewöhnlich profiliert.

Sandpapier: Schmirgelpapier mit fein- bis grobkörniger Qualität, das zum Entfernen von Farbe verwendet wird

Schablonentechnik: Technik, bei der Bilder oder Muster mit Hilfe von Schablonen hergestellt werden. Der jeweilige Entwurf wird auf Karton aufgetragen und mit einem Teppichmesser ausgeschnitten. Die Schablone wird fest an die Wand gedrückt, und durch die Öffnungen werden dann mit einem geeigneten Schablonen- oder Stupfpinsel verschiedene Farben aufgetragen.

Schellack: ein harzhaltiger Lack

Schildpatt: ein Imitationsanstrich, der den Panzer einer Schildkröte imitiert. Die vorbehandelte Fläche wird lasiert und Kleckse aus dunklerer und stärker konzentrierter Lasur hinzugefügt. Diese werden mit einem Pinsel geglättet, um einen fleckigen Effekt zu erzielen.

Schlagpinsel: ein Pinsel mit langen Schweineborsten, mit dem sich das Finish bei der Durchziehtechnik oder dem Maserieren vergröbern läßt

Schlämmkreide: fein pulverisierte Kreide, die für Weißwachs verwendet wird

Schwammtechnik: Farbige Lasur wird auf den Untergrund aufgetragen und in noch nassem Zustand mit einem feuchten Schwamm abgehoben. Mit einem Schwamm lassen sich jedoch auch weitere Lasurschichten auf den Grundanstrich auftragen.

Sekundärfarben: Farben, die beim Mischen zweier Primärfarben entstehen. Gemischte Sekundärfarben ergeben Tertiärfarben.

Senkblei: ein Fadenlot, mit dem sich senkrechte Linien ausloten lassen

Sockelleiste: eine Leiste, die in Höhe der Sockelzone an der Wand entlang verläuft

Stahlwolle: ein Schmirgelkissen aus feinen Stahlspänen, das u. a. zum Aufbrechen bzw. Aufreißen von Farbe verwendet wird. Stahlwolle ist in verschiedenen Stärken erhältlich.

Stoffballentechnik: Bei dieser Technik wird über dem Grundanstrich eine Lasur aufgetragen und anschließend mit einem Stoffballen abgetupft, um die darunterliegende Farbe freizulegen. Das Ergebnis ist ein dezenter, zarter Effekt.

Stupftechnik: ein auf Lasur angewandter Effekt, für den quaderförmige Borstenpinsel bzw. Bürsten verwendet werden. Nach dem Auftragen der nassen Lasur wird diese kräftig und systematisch mit dem Stupfpinsel bearbeitet, so daß Millionen kleiner Punkte entstehen.

Tempera(farbe): siehe Leimfarbe

Terpentin: ein harzhaltiges Lösungsmittel, das einigen Farben und Lacken beigemischt ist

Trompe l'œil (Illusionsmalerei)**:** die Kunst der optischen Täuschung, bei der eine bemalte Fläche durch gemalte Schattenumrisse wie ein dreidimensionales Bild wirkt

Untertapete: eine glatte Tapete, die bei unregelmäßig verputzten Wänden verwendet wird. Untertapeten sollten vor dem Streichen mit verdünnter Grundierung versiegelt werden.

Velourstapete (Flocktapete)**:** eine Tapete mit hervortretendem, samtigem Muster

Vergoldung: eine spezielle Technik, um Gold auf Oberflächen wie Möbel oder Bilderrahmen aufzutragen

Voranstrich (Grundschicht)**:** bei den meisten Effektanstrichen die erste Farbschicht, die vor der Lasur aufgetragen wird

Wasserwaage: ein mit gefärbtem Alkohol gefülltes Glasröhrchen. Die Position der Luftblase in dem Röhrchen zeigt an, ob eine Fläche gleichmäßig waagerecht ist.

Wickeltechnik: eine Technik, bei der mit einem zu einer Rolle geformten Tuch über die aufgetragene Lasur gerollt wird, so daß die Lasur unregelmäßig abgehoben wird. Mit dieser Technik lassen sich mehrere Lasurschichten bearbeiten.

REGISTER

Kursive Seitenzahlen verweisen auf Illustrationen.

DANKSAGUNGEN

Ich danke allen Personen, die zur Entstehung dieses Buches beigetragen haben, vor allem Anne Boston und Jane Hughes, die den Text geschrieben und damit meine Ideen umgesetzt und weiterentwickelt haben. Anne Bostons anschauliche Kapitel »Dekorieren mit Stil« und »Dekorationsideen« zeugen von ihrer Fachkompetenz; Jane Hughes Teile »Accessoires und Textilien« sowie »Dekorieren mit Farbe und Papier« demonstrieren deutlich ihr Verständnis für die praktischen Belange bei der Verschönerung von Wohnräumen.

Chris Wood danke ich für den Entwurf des Layouts, ebenso Ruth Prentice und Alison Shackleton, die Chris Woods Ideen in so erfrischender, ansprechender Form in die Realität umgesetzt haben. Mein Dank gilt ebenfalls Sorcha Hitchcox für die Beschaffung des herrlichen Bildmaterials.

Claire Waite danke ich dafür, daß sie geschickt und souverän dieses umfangreiche Projekt organisiert und den Text redigiert hat. Als sorgfältige Korrekturleserin stand ihr Alison Wormleighton zur Seite.

Erwähnen möchte ich noch die Lektorin Susan Berry, der ich die Möglichkeit verdanke, dieses Projekt überhaupt zu verwirklichen. Mein Dank gilt weiterhin meinem Sohn Oliver Kassman, der wochenlang eine Mutter erdulden mußte, die sich in erster Linie um Fotos mit Wohnungseinrichtungen gekümmert hat.

Bildnachweise
Mit Ausnahme der nachstehend aufgeführten Liste liegen die Rechte für sämtliche Fotos dieses Buches bei Kiln House Books. Der Verlag und die Autorin danken den folgenden Personen oder Institutionen für die Genehmigung, die entsprechenden Fotos abzudrucken:

Elizabeth Whiting Associates, Seite 144

Robert Harding Syndication

Seiten 1 und 180 Simon Upton/Homes and Gardens; Seite 9 Tim Beddow/Homes and Interiors; Seite 14 Steve Dalton/Woman and Home; Seite 15 Tom Leighton/Homes and Gardens; Seite 24 Dominic Blackmore/Homes and Ideas; Seite 32 James Merrell/Homes and Gardens; Seite 36 James Merrell/Homes and Gardens; Seite 38 Christopher Drake/Homes and Gardens; Seite 41 Tom Leighton/Options; Seite 46 Andrew Cameron/Country Homes and Interiors; Seite 52 Lucinda Symons/Country Homes and Interiors; Seite 62 Gavin Kingcome/Homes and Gardens; Seite 64 mitte Christopher Drake/Country Homes and Interiors; Seite 74 Fritz von der Schulenburg/Country Homes and Interiors; Seite 82 Joshua Pulman/Country Homes and Interiors; Seite 88 Christopher Drake/Homes and Gardens; Seite 100 Mark Luscombe-Whyte/Country Homes and Interiors; Seite 104 Brian Harrison/Country Homes and Interiors; Seite 108 Ideal Home; Seite 112 Andreas von Einsiedel/Homes and Gardens; Seite 116 Tom Leighton/Homes and Gardens; Seite 122 Lucinda Symons/Ideal Home; Seite 134 oben rechts James Merrell/Homes and Gardens; Seite 142 Bill Reavell/Homes and Ideas; Seite 182 Christopher Drake/Homes and Gardens; Seite 226 David Giles/Homes and Ideas; Seite 236 Hugh Palmer/Country Homes and Interiors; Seite 249 Tim Beddow/Homes and Gardens; Seite 256 Michael James; Seite 258 James Merrell/Country Homes and Interiors; Seite 266 Tim Imrie/Country Homes and Interiors; Seite 272 Dominic Blackmore/Homes and Ideas; Seite 278 Christopher Drake/Woman's Journal; Seite 282 Jonathan Pilkington/Homes and Gardens; Seite 290 Homes and Gardens; Seite 292 Polly Wreford/Country Homes and Interiors; Seite 314 Tim Rose/Ideal Home; Seite 330 Mark Fiennes/Homes and Gardens; Seite 332 Joanne Cowie/Country Homes and Interiors; Seite 334 Mark Bolton/Homes and Gardens; Seite 336 Christopher Drake/Country Homes and Interiors; Seite 338 Ideal Home; Seite 340 Ken Kirkwood/Homes and Gardens; Seite 344 Mark Luscombe-Whyte/Homes and Gardens; Seite 347 Simon Brown/Country Homes and Interiors; Seite 354 Fritz von der Schulenburg/Country Homes and Interiors; Seite 364 Ideal Home; Seite 374 Ed Davies/Ideal Home; Seite 380 Fritz von der Schulenburg/Country Homes and Interiors; Seite 387 Homes and Gardens; Seite 390 Mark Luscombe-Whyte/Homes and Gardens; Seite 400 Polly Wreford/Country Homes and Interiors; Seite 402 Dominic Blackmore/Homes and Ideas; Seite 405 Dominic Blackmore/Homes and Ideas; Seite 410 Dominic Blackmore/Homes and Ideas; Seite 414 Simon Upton/Options; Seite 420 Tom Leighton/Homes and Gardens